大学入試問題集

関正生の

英文法

ポラリス ✦ POLARIS 0

基礎レベル

関正生 著

本文デザイン／ knowm、西垂水 敦（krran）
イラスト／けーしん

「自分に必要な問題」だけをやろう!

　北極星は常にその位置を変えず、1年を通して常に光り輝きます。昔の旅人にとっては、方角を知るための大切な道標でした。

　大学受験の英語、特に英文法に関しては、基礎問題から難問までを1冊に収録した問題集が広く使われていますが、まだ基礎を学んでいる最中の高校生には必要ない難しい問題がたくさん含まれており、その膨大な情報の中で途方に暮れてしまいます。そんな勉強は苦痛を伴いますし、やり通せずに挫折する人が後を絶ちません。

　そういった学習者に、この本がどこへ進むべきかを教えてくれる、旅人の道を照らし出してくれる北極星のような存在になればという願いを込めて、この本のタイトルには「北極星」という意味の「ポラリス (Polaris)」を使いました。

基礎用だがすべて入試問題

　本書は『英文法ポラリス』の基礎編です。『ポラリス』シリーズは「自分の志望校レベルの問題だけを効率的に対策できる」ことで、受験生の間で大きな支持を頂きました。ただし、『ポラリス』はあくまで受験生用の問題集です。もちろん高1であっても英文法をきちんと学んだ後であれば十二分に効果を発揮するのですが、もう少し簡単な問題で確認したい高1・高2、そして受験勉強を始めたばかりでまだ英文法に自信がない高3用に、基礎的な問題だけで構成したのが、この本です。

　ただし基礎といっても、「すべて実際の入試問題」だけ、というのが『ポラリス』シリーズのこだわりでもあります。というのも、とかく高1・高2用の本や基礎的な本になると、まるで高校生を子ども扱いするかのような語り口・説明で、問題は2択や、そのために作った問題、ということが多いのです。それ自体が悪いのではないのですが、そういった問題に慣れてしまうと、実

際の入試問題に取り組む際に、そのギャップの大きさから挫折感を味わい、「せっかく文法の勉強をしてきたのに、全然通用しない」と思ってしまう高校生が少なくないのです（本書では英文自体が不自然な箇所は自然な英語に直しましたが、選択肢を取り替えるなど、解説の都合で変えるようなことは一切しておりません）。

　この本は将来、難関大学の問題にもスムーズにつなげられるための基礎を試す問題を採用し、将来、『ポラリス3（早慶上智レベル）』という最高レベルに達しても一貫して使える説明をしています。これからの長い旅の中で、ずっと使える、土台になる1冊となるはずです。

　最後に、この本を手にしてくれたみなさんと、この本に関わってくれたすべての方々に感謝します。特に、株式会社KADOKAWAの原賢太郎編集長とは、「基礎レベルとは？」をきちんと議論することから始め、さまざまな意見を交換させていただきました。そして『ポラリス』シリーズを常に見守ってくれる細田朋幸さんにも感謝を申し上げます。きっと、多くの高校生・受験生がこの本で英語力をつけて、志望校に合格していくと信じています。

関 正生

▶ 英文法の理解を促す問題選定

本書では「受験生を試す（ときにひっかける）」ような問題ではなく、「英文法の理解を支える」ための問題を選びました。「問題を解きながら文法理解を深めること（＝実力をつけること）」が可能となる問題ばかりです。

▶ すべて入試問題

中学レベルの問題も採用しましたが、どれも「大学入試の問題そのまま」です。「はじめから」を謳った問題集はたくさんありますが、この本では「"実際の大学入試問題"のはじめから」を示しました。英文法に苦手意識があっても、「ここまで解ければ入試で最低限は戦える」とか「これより簡単な問題は入試では通用しない」といった、入試の「基準」を体感できます。

▶ 新傾向の問題を的確に判断

この本の著者は、TOEICテストの対策本や、企業でのビジネス英語の教材作成も行っています。ですから、一見イレギュラーと思える問題が出題された場合も、それが単なる奇問なのか、はたまた（TOEICテストやビジネス英語の影響で）今後、出題が増えていくのかを的確に予想・判断して、問題を採用しています。

▶ 丸暗記排除の解説

「覚えよう」というだけの丸暗記の強要ではなく、「なぜそうなるのか?」という理屈を解説しています。理屈で理解していく英文法は、忘れにくい・暗記が減る・英語の仕組みが見えてくる・応用が利く、などのメリットがあります。

本書の使い方

本書は"解説ページ"と"問題演習ページ"に分かれています。

解説ページ

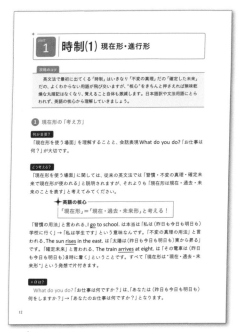

▲

各UNITの冒頭に文法解説を掲載しています。
最重要項目を効率良くチェックできます。

① 出題された大学名

② 復習問題の答え。問題はそれぞれの前のページに掲載されています。

③ 問題を解いた日を書いておきましょう。

④ 解答

⑤ 問題を解く際の解説。正解を導くポイントや間違いやすい点など、的確なアドバイスを掲載。

問題演習ページ

左ページ

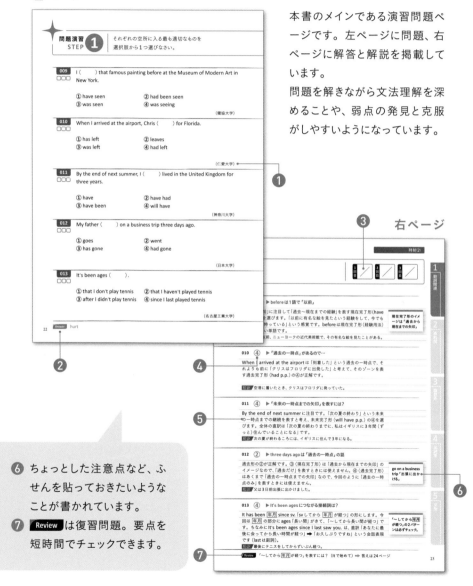

本書のメインである演習問題ページです。左ページに問題、右ページに解答と解説を掲載しています。
問題を解きながら文法理解を深めることや、弱点の発見と克服がしやすいようになっています。

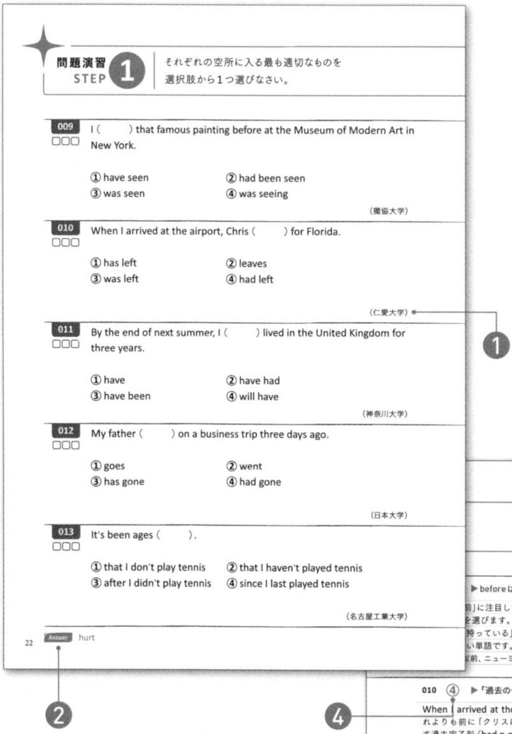

問題演習 STEP 1　それぞれの空所に入る最も適切なものを選択肢から1つ選びなさい。

009 □□□ I (　　) that famous painting before at the Museum of Modern Art in New York.
① have seen　② had been seen
③ was seen　④ was seeing
(獨協大学)

010 □□□ When I arrived at the airport, Chris (　　) for Florida.
① has left　② leaves
③ was left　④ had left
(仁愛大学)

011 □□□ By the end of next summer, I (　　) lived in the United Kingdom for three years.
① have　② have had
③ have been　④ will have
(神奈川大学)

012 □□□ My father (　　) on a business trip three days ago.
① goes　② went
③ has gone　④ had gone
(日本大学)

013 □□□ It's been ages (　　).
① that I don't play tennis　② that I haven't played tennis
③ after I didn't play tennis　④ since I last played tennis
(名古屋工業大学)

22　Answer hurt

右ページ

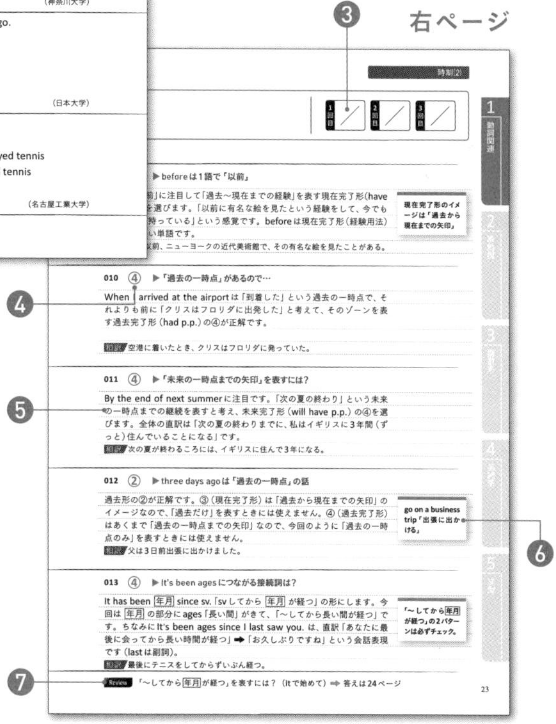

時制(2)

1回目 ／　2回目 ／　3回目 ／

▶ before は1語で「以前」
…前」に注目して「過去～現在までの経験」を表す現在完了形(have …を選びます。「以前に有名な絵を見たという経験をして、今でも…持っている」という感覚です。before は現在完了形(経験用法)…い単語です。
…以前、ニューヨークの近代美術館で、その有名な絵を見たことがある。

現在完了形のイメージは「過去から現在までの矢印」

010 ④ ▶「過去の一時点」があるので…
When I arrived at the airport は「到着した」という過去の一時点で、それよりも前に「クリスはフロリダに出発した」と考えて、そのゾーンを表す過去完了形 (had p.p.) の④が正解です。
和訳 空港に着いたとき、クリスはフロリダに発っていた。

011 ④ ▶「未来の一時点までの矢印」を表すには?
By the end of next summer に注目です。「次の夏の終わり」という未来の一時点までの継続を表すと考え、未来完了形 (will have p.p.) の④を選びます。全体の直訳は「次の夏の終わりまでに、私はイギリスに3年間(ずっと)住んでいることになる」です。
和訳 次の夏が終わるころには、イギリスに住んで3年になる。

012 ② ▶ three days ago は「過去の一時点」の話
過去形の②が正解です。③(現在完了形)は「過去から現在までの矢印」のイメージなので、「過去だけ」を表すときには使えません。④(過去完了形)はあくまで「過去の一時点までの矢印」なので、今回のように「過去の一時点のみ」を表すときには使えません。
和訳 父は3日前出張に出かけました。

go on a business trip「出張に出かける」

013 ④ ▶ It's been ages につながる接続詞は?
It has been 年月 since sv.「sv してから 年月 が経つ」の形にします。今回は 年月 の部分に ages「長い間」がきて、「～してから長い間が経つ」です。ちなみに It's been ages since I last saw you. は、直訳「あなたに最後に会ってから長い時間が経つ」➡「お久しぶりですね」という会話表現です (last は副詞)。
和訳 最後にテニスをしてからずいぶん経つ。

「～してから年月が経つ」の2パターンは必ずチェック。

Review 「～してから年月が経つ」を表すには? (It で始めて) ➡ 答えは24ページ

23

❻ ちょっとした注意点など、ふせんを貼っておきたいようなことが書かれています。
❼ Review は復習問題。要点を短時間でチェックできます。

全体像と各レベルの詳細

▶ シリーズ全体像

　本シリーズ4冊は、問題の重複は一切ありません。英語の要点は同じですから、各単元の最初にある要点解説やポイントが同じ問題はありますが、問題自体はすべて異なるものです。

　また、4冊とも単元（目次）はほぼ全部同じです（レベル2と3のみChapter6の語法があります）。ですから、ある単元を克服したい場合、異なるレベルを使ってその単元だけを集中的にこなすことで、効率良く弱点克服ができます。

▶ 各レベルの詳細

レベル	目標大学	傾向
基礎レベル	高1・高2：偏差値60位までの大学 受験生：偏差値50前後の大学	基本的な公式や品詞に関する問題や定番の問題ばかりが出ます。たまに出る応用問題は合否に関係なく、いかに「基礎的な問題」を正解するかで合否が決まります。 共通テスト（筆記）75点、英検準2級、TOEIC360点レベル。
標準レベル	共通テストレベル・日東駒専など	定番の問題ばかりが出ます。たまに出る応用・発展問題は合否に関係なく、いかに「基礎的な問題」を正解するかで合否が決まります。 共通テスト（筆記）80点、英検準2級〜2級、TOEIC400点レベル。
応用レベル	共通テスト完成〜GMARCH・関関同立／地方国公立大学（一部、英語の難しい大学を除く）	難しい問題に意識がいってしまいがちなのですが、まずは定番の問題で正解すること。そして、定番の問題をほんの少しひねって、ちょっとだけ難しくした問題（結局は定番問題）で正解することで合格ラインに達します。 共通テスト（筆記）90点、英検2級、TOEIC540点レベル。
発展レベル	立教・青学・同志社〜早慶上智・旧帝大・難関国立大学レベル	定番問題・ちょっとしたひっかけも完璧に解きつつ、「さらに細かい知識」と「文法書に載っていないもの」が問われることがあります。この場合、明らかに受験レベルを逸脱して解ける必要のない問題もありますが、多くの問題は、文法事項の成り立ち・背景を「理解」していれば、そこからの類推で解けます。逆に「丸暗記」していては対応しきれないわけです。また、TOEICテストやビジネス英語で使う表現も最近はたくさん出ています（もちろん、本文で詳しく解説していますので、特別な対策は不要です）。 共通テスト（筆記）100点、英検準1級、TOEIC670点レベル。

CONTENTS

Chapter 1

動 詞 関 連

時制(1) 現在形・進行形

攻略のコツ

　英文法で最初に出てくる「時制」はいきなり「不変の真理」だの「確定した未来」だの、よくわからない用語が飛び交いますが、"核心"をきちんと押さえれば無味乾燥な丸暗記はなくなり、覚えること自体も激減します。日本語訳や文法用語にとらわれず、英語の核心から理解していきましょう。

1 現在形の「考え方」

何が重要?

　「現在形を使う場面」を理解することと、会話表現 What do you do?「お仕事は何?」が大切です。

どう考える?

　「現在形を使う場面」に関しては、従来の英文法では「習慣・不変の真理・確定未来で現在形が使われる」と説明されますが、それよりも「現在形は現在・過去・未来のことを表す」と考えてみてください。

> ✦ **英語の核心**
>
> 「現在形」＝「現在・過去・未来形」と考える!

　「習慣の用法」と言われる、I go to school. は本当は「私は(昨日も今日も明日も)学校に行く」→「私は学生です」という意味なんです。「不変の真理の用法」と言われる、The sun rises in the east. は「太陽は(昨日も今日も明日も)東から昇る」です。「確定未来」と言われる、The train arrives at eight. は「その電車は(昨日も今日も明日も)8時に着く」ということです。すべて「現在形は"現在・過去・未来形"」という発想で片付きます。

+αは?

　What do you do?「お仕事は何ですか?」は、「あなたは(昨日も今日も明日も)何をしますか?」→「あなたのお仕事は何ですか?」となります。

❷ 現在形の「特殊用法」

何が重要?

「時・条件を表す副詞節の中では未来のことでも現在形を使う」というルールが大切です。これは苦手な人が多いのでじっくり解説していきます。

どう考える?

ポイント①

「時・条件を表す副詞節」をつくるのは「従属接続詞」です。従属接続詞の一覧は接続詞で扱いますが（160〜161ページ）、ここでは特に狙われるものだけをチェックしておきましょう。

(1)「時」の従属接続詞

□ when「〜するとき」　　□ while「〜する間」

□ as soon as「〜するとすぐに」　　□ by the time「〜するまでには」

(2)「条件」の従属接続詞

□ if「もし〜なら」　　□ unless「〜でないかぎり」

こういった従属接続詞が、（接続詞 sv）, SV. の形をつくります。この "接続詞 sv" が「副詞のカタマリ」、つまり「副詞節」と呼ばれるものです。この副詞節は後ろにきて、SV（接続詞 sv）の形でもOKです。

まずはこうした接続詞に反応→副詞節をつくることを意識してください。

ポイント②

あくまで副詞節の「中だけ」が現在形です。副詞節の外（主節）は、未来を表す形（助動詞willや命令文など）を使えばOKです。

(When s v), S V . ➡ 主節は「未来を表す形」
↳副詞節の中だけ「現在形」

3 「進行形」の正しい意味

「進行形を使う場面・使わない場面（進行形にできない動詞）」を理解しておく必要があります。また、「進行形が未来の予定を表す用法」も（受験勉強ではあまり強調されませんが）会話・リスニングではよく使われます。

「進行形にできない動詞」は、一般には「状態動詞は進行形にできない」と説明され、**belong to**「属している」、**like**「好む」、**know**「知っている」、**believe**「信じている」などが羅列されます。しかしこういった動詞をすべて暗記するのは大変ですし、中には「意味によって進行形にできるとき・できないときがある」といった動詞（**have**など）もあるので、丸暗記は現実的ではありません。

進行形にできない動詞は1つずつ暗記するのではなく、以下のルールだけを覚えておけば十分です。

> ✦ **英語の核心**
> 5秒ごとに中断・再開<u>できない</u>動詞は進行形に<u>できない</u>！

たとえば、knowやlikeは「5秒ごとに記憶を消したり戻したり・好きになったり嫌いになったり」なんて意図的にできませんよね。だから、×）be knowing／be likingという形にはなりません。

一方、「5秒ごとに中断・再開できる動詞」として、たとえばwrite「書く」やstudy「勉強する」は進行形（be writing・be studying）にできますね。

haveは「所有している」という意味では5秒ごとに中断・再開できないので進行形にできませんが、「食べる・飲む」なら5秒ごとの中断・再開が可能なので進行形にできるのです。

文法書には「現在進行形は近接未来を表す」と書かれて、They are marrying next week.「あの2人は来週結婚する予定です」とありますが、これはズバリ「何かしらの準備を始めていれば進行形を使える」と考えてください（上の例文なら、式場予約・招待客の確定など、結婚の動作が"進んでいる"場合です）。少しとはいえ"進行している"わけですから「進行形」を使って表すのです。

Column 本書の「使い方」の一例（前編）

この本に限らず、問題集はみなさん自身が「やりやすい」と思うように使うのがベストです。信念のある編集方針・問題選定・解説があるわけですから、あとはみなさんがどう使ったところで成績は上がるものです。

でも、もし「ちょっと自分のやり方に自信がない」と思う人は以下のことを参考にしてみてください。僕自身がやっていた方法であり、講師として数百万人に伝えてきたので、多くの人に有効だと思います。

やるときの「心構え」

①一気にやる

1〜2UNITずつ一気にやってください。コツコツやるより全体像が把握できますし、勢いがつきます。

②丸をつける必要はない

正解に丸をつけたりする必要はありません。「できた問題」はもはやどうでもよく、「できなかった問題」に注目するためです。丸をつけて「できた問題」のほうを目立たせないほうがいいと僕は思います。もちろん丸をつけてテンションが上がる場合は、ぜひそうしてください。「テンションを上げる」というのは勉強をする上で非常に重要なことです。

③「答えを覚えちゃうんですけど」という悩み

よく「何回も問題集やると答えを覚えちゃう」という意見を聞きます。それはどうでもいいです。「答えを覚えた」と言われても、「で？」としか言いようがないんです。

というのも、「勉強とは、答えを覚えることではなく、"解き方を覚える"こと」だからです。ぜひ「解き方を覚えちゃったんですけど」と言えるまでやり込んでくださいね。

74ページに続く

15

001
☐☐☐

Young people (　　　) watch TV these days. They watch YouTube instead.

① doesn't　　　　　② don't
③ didn't　　　　　④ haven't

（産業能率大学）

002
☐☐☐

A : What do you do?
B : (　　　)

① I do a lot of homework.　② I am an engineer.
③ How do you do?　　　　④ I am looking for my smartphone.

（東京造形大学）

003
☐☐☐

I (　　　) to the basketball club when I was in high school.

① belong　　　　　② belonged
③ have belonged　　④ was belonging

（神奈川大学）

004
☐☐☐

We'll give you a call as soon as we (　　　) at the airport.

① arrive　　　　　② arrived
③ were arriving　　④ will arrive

（青山学院大学）

005
☐☐☐

X : Your girlfriend is visiting you now, right?
Y : No, not yet. She (　　　) next Sunday.

① is coming　　　　② will coming
③ has come　　　　④ come

（北海学園大学）

---

001 ② ▶ these days「最近」に注目して「現在形」を考える

主語は Young people（複数扱い）で、これに合う②が正解です。現在形を意識すると「（最近）若者は昨日も今日も明日もテレビを見ない」という意味になります。ちなみに直後の文も現在形 watch から「昨日も今日も明日も YouTube を見る」となります。
④は現在完了形（have p.p.）と考えるなら直後は watched がくるはずです。

現在形は「現在・過去・未来形」と考える！

和訳 最近、若者はテレビを見ない。代わりに YouTube を見る。

002 ② ▶ What do you do? に答える

What do you do は「（昨日も今日も明日も）何をしますか？」➡「お仕事は？」という発想でしたね。それに対して「エンジニアです」と職業を答える②が正解です。ちなみに、「今（この瞬間）何してるの？」は、What are you doing?（現在進行形）です。

What do you do? と聞かれたら、I'm a student. や、I go to school. と答えよう！

和訳 A：お仕事は何をしていますか？
　　 B：エンジニアです。

003 ② ▶ belong の特徴は？

when I was in high school から「過去」の話なので、過去形の②が正解です。belong は「5秒ごとに中断・再開できない」➡「進行形にできない動詞」なので④の進行形にはなりません。③現在完了形は今回のような過去だけを表すときには使えません（現在完了形については Chapter1 UNIT2 で）。

進行形にできない動詞は「5秒ルール」で解決！

和訳 私は高校時代、バスケットボール部に所属していた。

---

004 ① ▶ as soon as を見たら何を考える？

全体は SV as soon as sv.「sv するとすぐに SV だ」の形です。as soon as から副詞節をつくるわけです。「時・条件を表す副詞節の中では未来のことでも現在形」というルールから、現在形の①を選べば OK です。

give 人 a call は直訳「人 に電話を与える」➡「人 に電話する」

和訳 空港に着いたらすぐに電話いたします。

---

005 ① ▶ next Sunday から「未来」を表す動作を考える

① is coming が現在進行形で「予定」を表せます。「彼女が来る準備をしている途中・進行中」ということで、進行形で予定を表せるわけです。ちなみに、最初のセリフの is visiting you now は現在進行形の基本用法（今〜している途中）です。

自分の直近の予定を「進行形」で言ってみよう！

和訳 X：今、君の彼女が来ているんだろ。
　　 Y：いや、まだ来ていないよ。来週の日曜日に来るんだ。

Review What do you do? の意味は？ ➡ 答えは 18 ページ

006
☐☐☐

①<u>Waiting for</u> the doctor ②<u>in one</u> of the examining rooms, I ③<u>struggling with</u> the paper gown the nurse had ④<u>given me</u>.

（明治学院大学）

007
☐☐☐

While I ①<u>am</u> driving last night, I heard a ②<u>strange</u> noise ③<u>in</u> the engine.

（札幌学院大学）

008
☐☐☐

①<u>A few people</u> were ②<u>badly</u> ③<u>hurted</u> in the accident ④<u>the other</u> day.

（北星学園大学）

Answer 「お仕事は何ですか？」

---

006 ③ struggling with ➡ struggled with / was struggling with

▶まずは文構造を考えよう

文全体は、-ing 〜, SV. の形と考えます。①の Waiting 〜 は分詞構文です（Chapter2 UNIT6）。I が主語（S）ですが、③struggling のままだと動詞（V）にはなれません（S -ing が SV になることは不可能）。ここでは過去の話なので、struggling を過去形 struggled や過去進行形 was struggling に直せば OK です。④の部分は過去の一点（struggled）よりもさらに前に「紙のガウンをくれた」ので、過去完了形（had p.p.）です（Chapter1 UNIT2）。

> **struggle with 〜**
> 「〜に苦労する」

和訳 検査室の1つで医者を待っているとき、看護師がくれた紙のガウンを着るのに苦労していた。

---

007 ① am ➡ was

▶last night や heard から「過去」の話をしている

①の am を過去形 was にして、過去進行形（was -ing）「〜していた」にします。While は副詞節をつくるのですが、今回は過去の話なので、例の「時・条件を表す副詞節の中では未来のことでも現在形を使う」というルールは関係ありません。

> **while は従属接続詞「〜する間に・〜である一方」**

和訳 昨晩車を運転していると、エンジンの変な音が聞こえた。

---

008 ③ hurted ➡ hurt

▶hurt は無変化（hurt-hurt-hurt）

hurt「傷つける」は、人 is hurt で「人 は傷つけられた」➡「人 はケガをした」の形でよく使われます。③hurted という形そのものが間違いで、hurt に直します（ここでは過去分詞形）。①A few「少しの」、②badly「ひどく」という副詞、④the other day「先日」です。

> **heart は「ハート・心」、hurt は「傷つける」**

和訳 先日、数人がその事故で重傷を負った。

Review hurt「傷つける」の過去分詞形は？ ➡ 答えは22ページ

時制(2) 完了形

攻略のコツ

現在完了形は「〜してしまった」などの訳し方を覚えればいいと思われています が、それはとんでもない誤解です。ポイントは訳し方ではなく、完了形の「イメージ」 なんです。

1 「完了形」の基本

何が重要?

現在完了形・過去完了形・未来完了形、どれもよく出ます。完了形に関しては「継続（ずっと〜している）」「完了・結果（ちょうど今〜したところだ・その結果…だ）」「経験（〜した経験がある）」という訳し方ばかりを説明されたと思いますが、実際には「どういうときに完了形を使うか?」を理解しているかが大切です。

どう考える?

完了形がどのゾーンを表すのかという「イメージ」を掴んでください。

【完了形のイメージ図】

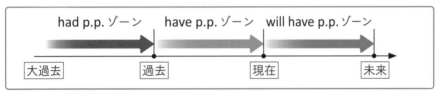

現在完了形は「過去から現在までの矢印」です。「継続・完了・結果・経験」どの用法であれ、すべてこの矢印ゾーンの中での出来事なのです。

次に過去完了形（had p.p.）ですが、現在完了形を左側（過去）に向かってカット＆ペーストしたものです。これを右側（未来）に貼り付ければ未来完了形（will have p.p.）になります。つまり過去完了形とは「過去のある一時点までの矢印」で、未来完了形とは「未来のある一時点までの矢印」というだけなのです。この感覚だけで入試問題は必ず解けるようになります。

```
━━◆英語の核心━━
  完了形は「イメージ」で考える！
  過去～現在を示すのが「現在完了形」
```

② 「完了形」を使った慣用表現

何が重要？

　現在完了形を使った決まり文句がよく出ます。中学で習うものも多いのですが、細かいところでミスをする受験生が多いので、実は結構、差がつくところです。

慣用表現(I) 「～してから 年月 が経つ」のパターン

① It has been 年月 since sv.	※ It is 年月 since sv. でも OK
② 年月 have passed since sv.	※「年月 が過ぎる (pass)」

※①と②を混ぜて、×)It has passed にしないように (ひっかけ問題で出る)。

慣用表現(2) 「行ってきた」

① have been to ～	【完了】～へ行ってきたところだ
	【経験】～へ行ったことがある
② have gone to ～	【結果】～へ行ってしまった (もうここにいない)

　have been to ～ は be「(ここに) いる」があるので、「完了・経験」どちらの意味であれ、今話している場所に「いる」わけです。

　一方、have gone to ～ は go「(離れたところに) 行く」となります。

009 I ( ) that famous painting before at the Museum of Modern Art in New York.

① have seen ② had been seen

③ was seen ④ was seeing

（獨協大学）

010 When I arrived at the airport, Chris ( ) for Florida.

① has left ② leaves

③ was left ④ had left

（仁愛大学）

011 By the end of next summer, I ( ) lived in the United Kingdom for three years.

① have ② have had

③ have been ④ will have

（神奈川大学）

012 My father ( ) on a business trip three days ago.

① goes ② went

③ has gone ④ had gone

（日本大学）

013 It's been ages ( ).

① that I don't play tennis ② that I haven't played tennis

③ after I didn't play tennis ④ since I last played tennis

（名古屋工業大学）

Answer　hurt

009 ① ▶ before は1語で「以前」

before「以前」に注目して「過去～現在までの経験」を表す現在完了形(have p.p.)の①を選びます。「以前に有名な絵を見たという経験をして、今でもその経験を持っている」という感覚です。before は現在完了形(経験用法)と相性が良い単語です。

> 現在完了形のイメージは「過去から現在までの矢印」

和訳 私は以前、ニューヨークの近代美術館で、その有名な絵を見たことがある。

010 ④ ▶「過去の一時点」があるので…

When I arrived at the airport は「到着した」という過去の一時点で、それよりも前に「クリスはフロリダに出発した」と考えて、そのゾーンを表す過去完了形(had p.p.)の④が正解です。

和訳 空港に着いたとき、クリスはフロリダに発っていた。

011 ④ ▶「未来の一時点までの矢印」を表すには?

By the end of next summer に注目です。「次の夏の終わり」という未来の一時点までの継続を表すと考え、未来完了形(will have p.p.)の④を選びます。全体の直訳は「次の夏の終わりまでに、私はイギリスに3年間(ずっと)住んでいることになる」です。

和訳 次の夏が終わるころには、イギリスに住んで3年になる。

012 ② ▶ three days ago は「過去の一時点」の話

過去形の②が正解です。③(現在完了形)は「過去から現在までの矢印」のイメージなので、「過去だけ」を表すときには使えません。④(過去完了形)はあくまで「過去の一時点までの矢印」なので、今回のように「過去の一時点のみ」を表すときには使えません。

> go on a business trip「出張に出かける」

和訳 父は3日前出張に出かけました。

013 ④ ▶ It's been ages につながる接続詞は?

It has been 年月 since sv.「sv してから 年月 が経つ」の形にします。今回は 年月 の部分に ages「長い間」がきて、「～してから長い間が経つ」です。ちなみに It's been ages since I last saw you. は、直訳「あなたに最後に会ってから長い時間が経つ」➡「お久しぶりですね」という会話表現です(last は副詞)。

> 「～してから 年月 が経つ」の2パターンは必ずチェック。

和訳 最後にテニスをしてからずいぶん経つ。

Review 「～してから 年月 が経つ」を表すには? (It で始めて) ➡ 答えは24ページ

014
□□□
日本語の意味になるように、[　]内の語を並べ替えなさい。

3週間以上ほとんど雨が降っていない。

We [rain / for / more / have / had / little] than three weeks.

（愛知工業大学）

015
□□□
次の文の間違っている箇所を1つ選び、正しく直しなさい。

He ①has been waiting ②for two weeks ③by the time he received the
reply ④from the customer service.

（広島修道大学）

016
□□□
[　]内の語を並べ替えなさい。

After the [I / to / train / left / had / got / station / the].

（青山学院大学）

017
□□□
日本語の意味になるように、[　]内の語を並べ替えなさい。

その時には招待状はもう発送済みだろう。

The invitations [have / out / will / been / sent] by then.

（四天王寺国際仏教大学）

Answer　It has been 年月 since sv.

014 We [have had little rain for more] than three weeks.

▶「3週間以上 (前から今まで)」には現在完了形

主語がWeなので、We have little rain. を現在完了形にして、We have had little rain にします。また、for は「〜の間」で、more than 〜「〜より多く・〜以上」はthree weeks の前に置けば完成です。

> 地元の天気はwe を使って表せる。

---

015 ① has been ➡ had been

▶by the time 以下の received (過去形) に注目

全体はSV by the time sv.「svするまでにはSVだ」の形です。「返事を受け取った」という過去の一時点まで「2週間待ち続けた」ので、過去完了形を使うべきです。ここでは過去完了進行形 (had been -ing) で「(過去の一点までの) 継続」をハッキリと表しています。

> by the time は 1 つの「接続詞」

和訳 彼はカスタマーサービスから返事を受け取るまで2週間待った。

---

016 After the [train had left I got to the station].

▶After sv, SV.「svした後にSVする」の形

after には前置詞もありますが、今回は語群 left や got から V が複数あるので接続詞と判断します。「電車が出発した (the train had left)」のは、「駅に着いた (I got to the station)」よりも前のことです。ちなみに had left の後にコンマはなくても OK なんです。

和訳 電車が行ってしまってから私は駅に着いた。

---

017 The invitations [will have been sent out] by then.

▶「もう〜だろう」から完了形を考える

「その時までにはもう〜されているだろう」は「未来の一点 (そのとき) までの完了」なので、未来完了形will have p.p. にします。ここでは未来完了形 (will have p.p.) ＋受動態 (be p.p.) ➡ will have been p.p. になっています。

Review 未来完了形の形は？ ➡ 答えは28ページ

助動詞(1) 助動詞の基本

攻略のコツ

　助動詞にはたくさんの日本語訳がありますが、これを丸暗記するのではなく、各助動詞の「核心の意味」を押さえていくのがポイントです。

1 各助動詞の核心

何が重要?

　各助動詞の「いろいろな意味」をチェックしてください（以下の赤字を中心に）。

どう考える?

　単にいろいろな意味を丸暗記するのでは、この本の意味がありませんので、ここでは各助動詞の「核心」を押さえながら、それぞれの意味をチェックしてください。

(1) willの意味　核心「100%必ず〜する」

① 意志「〜するつもり」
② 推量「〜するはず」
③ 習慣・習性「〜する習慣・習性がある」　※「100%必ず〜する習慣・習性」
④ 拒絶「(否定文で) 絶対に〜しない」　※「100%必ず〜しない」

(2) wouldの意味　核心「100%必ず〜した」

① 過去の習慣「よく〜したものだ」　※ often・sometimes を伴うことが多い
② 過去の拒絶「(否定文で) どうしても〜しようとしなかった」

　①で「100%必ず、365日必ず〜した」だと言い過ぎになってしまうと思えば、wouldの直後にoften・sometimesなどをくっつけます（いわば「少し妥協する」わけです）。would often「よく〜したものだ」やwould sometimes「ときどき

〜したものだ」の形で使われることがほとんどです。

(3)mayの意味　核心「50％」

① 許可「〜してもよい」　　※オススメ度50％
② 推量「〜かもしれない」　　※予想50％

※ちなみに、might は「may の過去形」と説明されますが、現代英語において might が過去の意味で使われることはまずありません。might ≒ may と考えてください。

(4)canの意味　核心「いつでも起こりえる」

① 可能「〜できる」／許可「〜してもよい」
② 推量「ありえる」 (a) 疑問文「〜がありえるだろうか」 (b) 否定文「〜のはずがない」

　①の意味は「いつでも起こりえる」→「（いつでも）できる／（いつでも）〜してもよい」となります。②は「いつでも起こりえる」→「ありえる」となります。「ありえる」の否定文「ありえない・はずがない」の意味が一番重要です。

(5)mustの意味　核心「他には考えられない（それしかない！）」

① 義務「〜しなければならない」　　② 推定「〜にちがいない」

※must は過去形がないので、過去を表す場合、"had to" で代用します。

(6)should　核心「当然」

① 義務・忠告「（当然）〜すべき」　　② 推定「（当然）〜のはずだ」

+αは?

「"助動詞＋状態動詞" なら、助動詞は "予想・推量" 系の意味になる」という知識はとても便利です（状態動詞は「進行形にできない動詞（5秒ごとに中断・再開できない動詞）」のことで代表例は be 動詞）。must be「ちがいない」、cannot be「はずがない」、may be「かもしれない」と考えてください。

※この判別方法は100％確実ではありませんが、90％以上の確率で使えるので、とても便利ですよ。

018

None of the children (　　　) reach the top shelf.

① could be able to　　② is being able to
③ was able　　④ will be able to

(阪南大学)

019

The door (　　　) open however hard I tried.

① wouldn't　　② won't
③ wasn't able to　　④ had better not

(大阪医科大学)

020

When I was a child, we (　　　) often go to the movies on weekends.

① can　　② had
③ must　　④ would

(愛知学院大学)

021

If Ken is taller than Bob, and Bob is taller than Sam, then Sam (　　　) be taller than Ken.

① has not　　② might
③ must　　④ cannot

(駒澤大学)

022

There are no rules on clothing in our office, so you (　　　) wear a tie.

① cannot　　② don't have to
③ must not　　④ tend to

(愛知学院大学)

Answer　will have p.p.

018 ④ ▶助動詞の後は動詞の原形

助動詞は2つ続けられないので、×) will can のような形は NG です。この場合は、can を be able to に分解して、④ will be able to ～「～することができるだろう」が正解です。①では「可能」の意味が重複してしまいます。

和訳 子どもたちの誰も、最上段の棚には手が届かないだろう。

019 ① ▶文末 tried から「過去」の話だとわかる

「ドアはどうしても開かなかった」という意味になる①が正解です。would は本来「100%必ず～した」で、否定文で「100%必ず～しなかった」➡「どうしても～しなかった」という過去の拒絶を表します。

和訳 そのドアはいくら開けようとしても開かなかった。

> 文の後半 "however 形容詞・副詞" の形は Chapter3UNIT2 参照。

020 ④ ▶ often と相性の良い助動詞は？

would often ～「よく～したものだ」の形です。would だけでは「100%必ず～した」という言い過ぎな表現になるので、often や sometimes とセットでよく使われます。

和訳 私が小さかったころ、私たちは週末によく映画を見に行った。

021 ④ ▶「Ken > Bob > Sam」という関係

サムとケンの背を考えると「はずがない」を表す④cannot が正解です。②might は「(ひょっとすると) ～かもしれない」、③must は「～にちがいない」です。

> cannot be は「ありえない」の意味。

和訳 ケンがボブより背が高く、ボブがサムより背が高いなら、サムがケンより背が高いはずがない。

022 ② ▶ don't have to と must not を区別する

「服装のルールがない ➡ ネクタイをつける必要はない」ので、②don't have to ～「～する必要がない」が正解です。③must not は「禁止 (～してはいけない)」を表します。④tend to ～「～する傾向がある」という熟語です。

> don't have to は「不必要」、must not は「禁止」

和訳 私たちの事務所では服装の規定はないから、ネクタイをつける必要はないよ。

Review can't be ～ の意味は？ ➡ 答えは30ページ

023
□□□

次の文の間違っている箇所を1つ選び、正しく直しなさい。

①<u>Noticing a</u> distinct absence of feline cartoon figures at ②<u>a time</u> when Snoopy, Marmaduke and Fred Basset were top dogs of the comic strip world, Davis came up with ③<u>the idea</u> of Garfield. "I thought if I could ④<u>created</u> a convincing cat I could say and do anything I wanted on the human condition," he says.

(上智大学)

024
□□□

次の文の間違っている箇所を1つ選び、正しく直しなさい。

Alice ①<u>use to</u> swim a lot, but now she ②<u>prefers to</u> run in the park or ③<u>go to</u> the local gymnasium ④<u>to exercise</u>.

(共立女子大学)

025
□□□

日本語の意味になるように、[   ]内の語を並べ替えなさい。

深刻な問題があったので話し合いを延期せざるを得なかった。

Because [we / serious / had / of / problems] to put off our discussion.

(九州産業大学)

Answer 「〜のはずがない」

1 動詞関連

2 準動詞

3 構造系

4 品詞系

5 文型

---

023 ④ created a ➡ create a

▶助動詞の後ろは？

英文自体は入試トップレベルですが、形だけを考えれば解ける（正誤問題ではよくある）ので、あえて採用した問題です。④の直前に助動詞could があるので、その後ろには当然「動詞の原形」がくるため、④created を create に直せばOKです。

> 正誤問題は「まずは形から」考える！

和訳 スヌーピーやマーマデュークやフレッドバセットがコマ漫画世界のイヌの頂点にいた当時、ネコのキャラクターがいなかったことに気付いて、デイビスはガーフィールドという作品を思いついた。「もし読者の納得のいくようなネコを創り出すことができたら、人間の状況で私が望んでいたことをなんでも言ったりしたりできるだろうと私は考えた」と彼は言う。

---

024 ① use to ➡ used to

▶まずはSVの一致を確認

AliceがS、useがVと考えると、useに3単現のsがないので、この時点で正解は出ます。正しい形としては、①use to を used to ～「よく～したものだ」に直せば意味も通ります。

> used to は「昔は ～だったが、今は違う」という流れでよく使われる。

和訳 アリスはかつてよく泳いだものだが、今は公園で走ったり地元のジムに行ったりして運動するほうが好きだ。

---

025 Because [of serious problems we had] to put off our discussion.

▶「せざるを得なかった」は？

文頭Because に、語群のof をくっつけて、Because of serious problems とします（Because を接続詞として使うとof が余り、主節の主語も不足します）。その後は have to ～ の過去形 had to ～「～しなければならなかった・せざるを得なかった」とするのがポイントです。must に過去形が存在しないため had to を使うわけです。

> because of ～ 「～が原因で」は長文でも大事！

Review "used to 原形"の意味は？ ➡ 答えは34ページ

UNIT 4 助動詞(2) 助動詞を使ったさまざまな表現

攻略のコツ

"助動詞 have p.p." を苦手にする人は多いのですが、「2つのグループに分けて整理する」ことで簡単に理解できます。また、may as well などの熟語は、ちょっとした知識を使って「成り立ち」を考えれば確実に理解できるようになります。

1 "助動詞 have p.p." を整理する

何が重要?

"助動詞 have p.p." の意味を押さえておくことが重要です。特に「予想」の意味を持つ助動詞 (以下のAグループ) を苦手とする人が多いので注意してください。

A「過去への予想」グループ 「(過去に) 〜だったと、(今) 予想する」

① may[might] have p.p.「〜だったかもしれない」　※ may = might

② must have p.p.「〜だったにちがいない」

③ can't[cannot] have p.p.「〜だったはずがない」

B「過去への後悔 (イヤミ)」グループ

① should have p.p.「〜すべきだったのに」

② ought to have p.p.「〜すべきだったのに」

③ need not have p.p.「〜する必要はなかったのに」　※入試にはほぼ出ない

※厳密には①②should[ought to] have p.p. には「予想 (〜したはずだ)」の意味もあるのですが、一旦スルーして大丈夫です (早慶や東大レベルの知識)。

どう考える?

"助動詞 have p.p." は全部「現在から過去を振り返る」表現です。大きく2つのグループに分けて整理するのがオススメです。Aグループ「予想」系の意味にな

るものが3つ、Bグループ「過去への後悔（イヤミと考えるとわかりやすい）」が3つです。

2 その他の重要点

何が重要？

> ① had better「〜したほうがよい（〜しないと知らないよ）」は否定文の語順 "had better not 原形"「〜しないほうがよい」が重要
>
> ② need に2つの品詞（助動詞と一般動詞）があることを意識する
>
> ③ may[might] as well 〜「〜してもいいだろう」などの熟語が重要

どう考える？

②の need について、たとえば否定文の場合、助動詞なら S need not 原形 . に、一般動詞なら S don't need to 原形 . の形になります。もし使い方で迷ったら「助動詞 need は can と同じ形（直後に not 原形 がくる）」、「一般動詞 need は want と同じ形（直前に don't、直後に to 原形 がくる）」と考えれば簡単です。

③の may[might] as well 〜は、本来 as 〜 as の形で、You may as well ignore his e-mail {as not ignore his e-mail}. なら「メールを無視するのは（ignore his e-mail）、無視しない（not ignore his e-mail）のと同じくらい（as 〜 as）十分に（well）よろしい（may）」となります。「どっちでも同じだけど、まあ、あえて言えば無視していいかな」という感じです。

ちなみに、might as well 〜 as ...「…するくらいなら〜したほうがまし」という形もありますが、これも You might as well throw your money into the sea as lend it to him. で、直訳「海にお金を捨てるのは（throw your money into the sea）、彼に金を貸す（lend it to him）のと同じくらい（as 〜 as）十分に（well）よろしい（might：この意味では may より might が多い）」で、これがさらにオーバーになって「彼にお金を貸すくらいなら、海に捨てたほうがましだ」となります。

1 動詞関連

2 準動詞

3 構造系

4 品詞系

5 文型

026
☐☐☐

She (　　　) at the party yesterday, but we didn't see her.

① should be 　　　　　　　**②** might have been

③ may be 　　　　　　　　**④** must be

（椙山女学園大学）

027
☐☐☐

Ken (　　　) committed such a serious crime.

① can be 　　　　　　　　**②** cannot have

③ is 　　　　　　　　　　**④** shall be

（獨協大学）

028
☐☐☐

I feel sick. I (　　　) eaten raw fish offered for dinner.

① should have 　　　　　　**②** shouldn't have

③ could have 　　　　　　 **④** mustn't have

（神戸学院大学）

029
☐☐☐

You ought (　　　) the package by special delivery.

① to have sent 　　　　　　**②** have sent

③ to have been sent 　　　　**④** having sent

（関西学院大学）

030
☐☐☐

You (　　　) to change trains at Tokyo Station.

① must 　　　　　　　　　**②** might

③ need 　　　　　　　　　**④** could

（広島経済大学）

Answer 「よく〜したものだ」

026 ② ▶過去の内容に触れるのはどれ?

yesterdayと後半didn'tから「過去」のことについて触れた文です。選択肢の中で合うのは②might have been「〜したかもしれない」だけです。①should be「〜のはずだ」、③may be「〜かもしれない」、④must be「〜にちがいない」です。

> **might have p.p.**
> ≒ **may have p.p.**

和訳 彼女は昨日パーティーにいたかもしれないが、私たちは彼女に会わなかった。

027 ② ▶committedとつながるものを考える

②を選んでcannot have p.p.「〜だったはずがない」とします。commit a crime「罪を犯す」という表現なので、他の選択肢を選ぶと受動態になって意味不明です。

和訳 ケンがそんなひどい罪を犯したはずがない。

028 ② ▶「気分が悪い」につながるのは?

②は、should have p.p.「〜すべきだったのに」の否定形で、shouldn't have p.p.「〜すべきでなかったのに」となります。

> **should have p.p.**
> は「過去への後悔
> (イヤミ)」を表す。

和訳 気分が悪い。夕飯に出された生魚を食べるべきではなかった。

029 ① ▶oughtの使い方は?

ought to have p.p.「〜すべきだったのに」の形を考え、①か③に絞ります。「あなたは小包を送るべきだったのに」という文意が適切なので、能動態の①が正解です。

和訳 小包を特別便で送ればよかったのに。

030 ③ ▶直後にtoをとるのは?

③を選んでneed to 〜「〜する必要がある」とします。このneedは「一般動詞」で、(一般動詞wantと同じように)直後にto不定詞をとることができます。他の選択肢はすべて助動詞なので、直後に原形がきます。

> **change trains**
> 「電車を乗り換える」は複数形がポイント(今乗った電車と次の電車が想定されるため)

和訳 あなたは東京駅で電車を乗り換える必要がある。

Review should have p.p. の意味は? (「〜したはずだ」以外) ➡ 答えは36ページ

助動詞(2)

1 動詞関連
2 準動詞
3 構造系
4 品詞系
5 文型

35

031
☐☐☐

次の２つの文が、それぞれほぼ同じ意味になるように（　　　）内に適当な単語を１語ずつ入れなさい。

a. I'm sure that Koji did it.
b. Koji (　　　) (　　　) (　　　) it.

（大阪教育大学）

032
☐☐☐

[　　　]内の語を並べ替えなさい。

We [well / as / tell / may / before / the truth] it is too late.

（国士舘大学）

033
☐☐☐

次の文の間違っている箇所を１つ選び、正しく直しなさい。

A：This is ①a really heavy shower. You ②had not better go out now.
B：It doesn't ③bother me. I'm always ④getting caught in the rain.

（慶応大学）

034
☐☐☐

日本語の意味になるように、選択肢を並べ替えなさい。

道路を横断する時には、いくら注意してもしすぎることはない。

You [too / are / crossing / road / the / careful / be / when / you / can't].

（明星大学）

Answer 「〜すべきだったのに」

031 must have done

▶「したと確信している」＝「したにちがいない」

a の文の I'm sure は「今現在の確信」で、Koji did it は「過去の行為」です。過去のことを今予想しているので、must have p.p.「〜したにちがいない」の形を使えば OK です。

和訳 a. きっとコウジがやったんだよ。
　　 b. コウジがやったにちがいない。

032 We [may as well tell the truth before] it is too late.

▶ may as well 〜「〜してもいいだろう」の形

最初は may の後に動詞の原形（tell）と考えますが、最終的には well と as が余るので、may as well 〜「〜してもいいだろう」の形にすると考えます。その後は tell the truth「真実を話す」、before sv「sv の前に」と続けます。

> before it is too late「手遅れになる前に」は会話で使ってみよう！

和訳 私たちは手遅れになる前に真相を話したほうがいいだろう。

033 ② had not better ➡ had better not

▶ not の位置がポイント

had better の否定形は had better not 原形「〜しないほうがよい」です（not は 原形 の前に置く」のが原則）。ちなみに、had better は「〜したほうがよい」と訳されることが多いのですが、実際には「命令・脅迫（〜しないと知らないよ）」というニュアンスを持つことが多いのです。

> heavy shower「どしゃぶり」、get caught in the rain「雨にあう」はリスニングでも大事！

和訳 A：どしゃぶりだな。今は外に出るべきじゃないよ。
　　 B：別に気にならないよ。いつも雨にあうんだ。

034 You [can't be too careful when you are crossing the road].

▶「いくら注意してもしすぎることはない」は？

日本文から、cannot [can't] 〜 too ...「いくら…しても〜しすぎることはない」という熟語を考えます。直訳「やりすぎなほど（too）…はできない」 ➡「どんなにやっても"やりすぎ"にはならない」 ➡「いくら…してもしすぎではない」と考えてください。

> too「あまりに」は「過度に・やりすぎなほど」というイメージ。

Review　had better 原形 の否定形は？ ➡ 答えは40ページ

仮定法(1) 仮定法の基本

攻略のコツ

　「仮定法にはifが必要」だと思っている受験生がたくさんいますが、それは完全な誤解です。確かに、最初に習う「公式」にはifが使われますが、「仮定法にifがあるとは限らない」ということを頭に入れておくと、応用問題も解けるようになります。

1 「仮定法」の公式

何が重要?

仮定法の公式・その1

(1) **仮定法過去の公式**　　☆「現在」の妄想／過去形を使う

If s 過去形 , S would 原形 　「もし〜ならば…だろうに」

(2) **仮定法過去完了の公式**　　☆「過去」の妄想／過去完了形を使う

If s had p.p. , S would have p.p. 　「もし〜だったら…だったろうに」

※主節はwould以外にcould・might・shouldでも可

どう考える?

　仮定法の目印は「助動詞の過去形(wouldなど)」です。公式ではifが出てきますが、応用問題になると「ifを使わない仮定法」が出てきます。

+αは?

仮定法の公式・その2

(3) **混合文**　　☆(if節は)仮定法過去完了＋(主節は)仮定法過去

If s had p.p. , S would 原形 　「もし〜だったら、(今は)…だろうに」

⑷ 未来の仮定　　☆「未来」の妄想

① If s should 原形, S would 原形／命令文など　「(これから)もし

② If s were to 原形, S would 原形　　　　　　　〜ならば…だろうに」

※主節は would 以外に could・might・should でも可

「混合文」は「あのとき〜だったら (過去の妄想)、今ごろは…だろうに (現在の妄想)」で、2つの公式が混合したものです。

　また、「未来の妄想」には should と were to があります。should は「基本ありえないけど万一ありえるかも」というときに使うので、仮定法の目印である「助動詞の過去形」以外に、「命令文 (Let's 〜も含む)」などがきても OK という特徴があります。were to は「実現可能性は考えずに完全妄想するとき」に使うので、必ず「助動詞の過去形」がきます。

② 「仮定法」の倒置

何が重要？

　仮定法の if は省略可能で、省略の合図に「倒置 (疑問文の語順)」が起きます。

仮定法の公式の「倒置」の一例

If s had p.p., S would have p.p.　　☆「仮定法過去完了」の場合

Had s p.p., S would have p.p.

If s should 原形, please 〜など　　☆「仮定法未来」の場合

Should s 原形, please 〜など

※倒置になっても英文の「意味」は変わりません。

どう考える？

　倒置では if が消えるので、それを見抜くためには「助動詞の過去形」に注目してください。倒置は入試頻出で長文でも出るのでしっかりチェックしておきましょう。

問題演習 STEP 1 | それぞれの設問の指示にしたがい、問題を解きなさい。

---

035 □□□ 次の英文がほぼ同じ意味になるように（　　　）に入る最も適当なものを①〜④から1つ選びなさい。

I want to buy a new smartphone but I can't afford to do so.

If I (　　) more money, I would buy a new smartphone.

① had　　　　　　　　　② was had

③ have had　　　　　　　④ had had

（亜細亜大学）

---

036 □□□ 空所に入る最も適切なものを選択肢から1つ選びなさい。

If I had enough money, I (　　) a new bicycle.

① plan buy　　　　　　　② could buy

③ might had　　　　　　　④ happily buy

（中京大学）

---

037 □□□ 空所に入る最も適切なものを選択肢から1つ選びなさい。

If I had won the lottery, I (　　) a new car.

① would buy　　　　　　② bought

③ would have bought　　　④ would have been buying

（立教大学）

---

038 □□□ 空所に入る最も適切なものを選択肢から1つ選びなさい。

If I had taken your advice then, I (　　) happier now.

① am　　　　　　　　　② can be

③ would be　　　　　　　④ might have been

（東京経済大学）

---

039 □□□ 空所に入る最も適切なものを選択肢から1つ選びなさい。

(　　) you have any questions or comments, please call our office.

① As if　　　　　　　　② Otherwise

③ Should　　　　　　　④ Without

（清泉女子大学）

Answer　had better not 原形

1 回目　／　2 回目　／　3 回目

1 動詞関連

---

035 ① ▶「スマホを買いたいがお金がない」を妄想で言うと?

下の英文のIf と would（仮定法の目印は助動詞の過去形でしたね）から「仮定法」を使います。「現在の妄想」➡「仮定法過去（If s 過去形, S would 原形）」にします。

> 「助動詞の過去形」に反応しよう!

和訳 新しいスマートフォンを買いたいが、そんなお金の余裕はない。
　　　もしもっとお金があれば、新しいスマートフォンを買うのだが。

---

036 ② ▶仮定法過去の公式は?

If I had ～ から「仮定法過去」の公式を考えて②を選びます。主節の助動詞の過去形はwould ではなくcould が使われているパターンです（いずれにせよ、上の問題とそっくりな英文ですね）。①と③はありえない形です（plan to ～ やmight 原形になるはず）。④はbuy という現在形が公式に合いませんね。

> 仮定法の主節は would 以外では could が多い。

和訳 十分なお金があれば、新しい自転車を買えるのに。

---

037 ③ ▶仮定法過去完了の公式は?

If I had won the lottery から「仮定法過去完了」を考えます。主節は "S would have p.p." の形になるわけです。

和訳 もし宝くじが当たっていたら、新しい車を買っていただろう。

---

038 ③ ▶文末のnow に注意

If I had taken your advice then から「仮定法過去完了」を考えますが、文末にnow があります。主節は「現在の妄想」だとわかるので、今回は「混合文（前半は仮定法過去完了＋後半は仮定法過去）になります。つまり "S would 原形" にすればOKです。

> 混合文ではnow が大きなヒント!

和訳 その時あなたのアドバイスを聞いていたなら、今頃もっと幸せだろうに。

---

039 ③ ▶should を使ったお決まりの表現

本来はIf you should have ～, please ... ですが、if が省略されて倒置になっています（Should s 原形, please ～）。should を使った仮定法に関しては、今回のように「前半 "倒置" ＋後半 "命令文"」の形が入試で一番よく出題されます。

> 倒置の Should you have ～ の形に慣れておこう!

和訳 万が一質問やコメントがありましたら、我々の事務所にお電話をください。

Review 「仮定法過去」の公式は? ➡ 答えは42ページ

問題演習 STEP **2** | それぞれの設問の指示にしたがい、問題を解きなさい。

040
□□□

[　]内の語を並べ替えなさい。

Well, [your / were / in / I] place, I would ask him for help.

（跡見学園女子大学）

041
□□□

日本語の意味になるように、[　]内の語を並べ替えなさい。【不要語１語あり】

もし将来外国に行くことがあれば、ネパールに行ってみたい。

If [abroad / go / I / to / were / would] in the future, I would want to go to Nepal.

（日本女子大学）

042
□□□

日本語の意味になるように、選択肢を並べ替えなさい。

あなたの事故について知っていたら、病院へお見舞いに行けたのに。
[＿＿＿] I [＿＿＿] about [＿＿＿], I [＿＿＿ ＿＿＿ ＿＿＿] you in the hospital.

① your accident　　　② have　　　③ visited
④ known　　　⑤ had　　　⑥ could

（東京国際大学）

Answer　If s 過去形, S would 原形

040 Well, [were I in your] place, I would ask him for help.

▶主節のwouldから「仮定法過去」を考える

語群にはifがないので、今回は倒置を考えます。本来はIf I were in your place ➡ 倒置Were I in your placeです。ちなみに仮定法過去では、主語がIでも（wasではなく）wereを使うのが原則です。

> If I were [Were I] in your place はアドバイスでよく使われる。

和訳 うーん、私があなたの立場だったら、彼に助けを求めるけれど。

041 If [I were to go abroad] in the future, I would want to go to Nepal.【不要語：would】

▶日本文から「未来の妄想」と判断する

語群のto・were、そして主節のI would want 〜 から "If s were to 原形, S would 原形" の形をつくります。ちなみにwere toは実現可能性を考えない完全妄想なので、この英文の真意は「実際に行くかどうかは置いといて、もし行くことがあるというのであれば」という感じです。abroad「外国に」は副詞なので、直前に前置詞は不要（go abroadの形）です（Chapter4 UNIT6）。

042 [Had] I [known] about [your accident], I [could have visited] you in the hospital.

▶日本文から「過去の妄想」と判断する

仮定法過去完了ですが、語群にhad・couldはあっても、ifはありません。倒置 "Had s p.p., S would have p.p." の形にすればOKです（今回はwouldの代わりにcould）。

> 公式の「倒置バージョン」をスラスラ言えるようにしておこう！

仮定法(2) 仮定法を使った さまざまな表現

攻略のコツ

　ifのない仮定法を見抜くためには、まずは「助動詞の過去形」に反応することです。また、助動詞の過去形がないものとして、前UNITで扱ったshouldを使った仮定法のほかに、今回扱うI wishがあります。この2つは特に注意してください。

1 ifなし仮定法

何が重要?

ifなし仮定法で使われるパターン (倒置以外)

(1) without　　(2) otherwise

どう考える?

　以下のように、長いif節が軽くシンプルになっていくイメージです。

(If sv), S would 〜　　　　　　※If sv というキッチリした形が…

　↓

(With / Without 〜), S would 〜　　※軽い「副詞句」になる

　↓

(Otherwise), S would 〜　　　　※最後は Otherwise 1語に

　仮定法の目印「助動詞の過去形」を見たら、まずは仮定法を考えて、if節がないときは、このようにwithoutなどを探せばOKです。

② 仮定法の慣用表現

何が重要?

慣用表現(1) "I wish"のパターン

時制＼「できる」の有無	「できる」の意味を含まない	「できる」の意味を含む
今の妄想 （仮定法過去）	I wish s 過去形 「今〜ならなあ」	I wish s could 原形 「今〜できればなあ」
昔に対する妄想 （仮定法過去完了）	I wish s had p.p. 「あのとき〜だったらなあ」	I wish s could have p.p. 「あのとき〜できたらなあ」

補足　I wishの同意表現

(1) How I wish 〜　※強調のhow　　(2) If only 〜　　(3) I'd rather 〜

慣用表現(2)　without 〜「〜がなければ」のバリエーション

(1) but for 〜　　※「仮定法過去」か「仮定法過去完了」かは主節を見て判断

(2) if it were not for 〜（= were it not for 〜）

　「今〜がなければ」　※仮定法過去

(3) if it had not been for 〜（= had it not been for 〜）

　「あのとき〜がなかったら」　※仮定法過去完了

慣用表現(3)　その他の慣用表現

(1) It is time s 過去形 「もう〜する時間だ」

　※about time「そろそろ〜する時間」のように、aboutなどがつくことも多い。

(2) as if 〜「まるで〜のように」

043
☐☐☐

(　　　) my smartphone, I could not have found the hotel.

① According to　　　② As for
③ Despite　　　　　④ Without

（京都橘大学）

044
☐☐☐

I (　　　) you had gone to the concert with me last night.

① wish　　　② like
③ hope　　　④ want

（名城大学）

045
☐☐☐

If only I (　　　) a flashlight!

① bring　　　　　② had brought
③ will bring　　　④ would bring

（実践女子大学）

046
☐☐☐

It's time that you (　　　) to bed, John.

① are going　　　② have gone
③ went　　　　　④ will go

（学習院大学）

047
☐☐☐

He talked as (　　　) he had seen a ghost.

① for　　　② if
③ in　　　④ well

（京都女子大学）

46

Answer Had s p.p., S would have p.p.

---

043 ④ ▶could not have found から仮定法を予想

今回は if 節の代わりに、④Without ~「~がなければ」を選びます。①「~によると」、②「~に関しては」、③「~にもかかわらず」という意味です。

> despite は「前置詞」という知識もよく問われる！

和訳 スマートフォンがなければ、ホテルを見つけられなかっただろう。

---

044 ① ▶had gone から仮定法を予想

I wish s had p.p.「~だったらなあ」という形にします（昔への妄想）。wish が「ありえないことを願う」のに対して、③hope や④want は「ありえることを願う」ときに使うため、hope・want の後ろに仮定法はきません。

和訳 昨夜、あなたが私と一緒にコンサートに行っていたらなあ。

---

045 ② ▶If only から仮定法を考える

If only s had p.p.「~だったらなあ」の形にします。If only は「~しさえすればなあ」という訳で教わる（I wish とは別物として扱われる）ことが多いのですが、I wish ≒ If only と考えたほうがラクです（使い方も同じ）。

> I wish ≒ If only

和訳 懐中電灯を持ってきてさえいればなあ！

---

046 ③ ▶It's time の後ろの形は？

It is time that s 過去形「もう~する時間だ」にします。この表現では、絶対に「過去形」しかこないので即断可能です。なぜか入試では「もう寝る時間だよ」という英文ばかりよく出るので、今回の英文を読み直しておきましょう。

和訳 もう寝る時間ですよ、ジョン。

---

047 ② ▶as と had seen に注目

as if ~「まるで~のように」とします。ちなみに今回は「話した」という過去よりもさらに過去に「幽霊を見た」ということなので、こういった場合は、as if s had p.p. の形になります。

和訳 彼はまるで幽霊を見たような話しぶりだった。

Review It is time s ( )形？ ➡ 答えは48ページ

048
☐☐☐

日本語の意味になるように、[　　]内の語を並べ替えなさい。

もう一度だけ受験のチャンスがほしい。

[to / I / examination / entrance / chance / I wish / take / the / another / had].

（東北学院大学）

049
☐☐☐

[　　]内の語を並べ替えなさい。

I would have been [for / real trouble / in / but] your help.

（大阪産業大学）

050
☐☐☐

[　　]内の語を並べ替えなさい。

[it / for / were / if / water / not], we could not live.

（拓殖大学）

048 [I wish I had another chance to take the entrance examination].

▶語群のI wishに注目

I wish s 過去形「今〜ならなあ」の形にします。日本文を「もう一度だけチャンスがほしい」➡「もう一度チャンスを持てればなあ」と考えて、I wish I had another chance to 〜 とすればOKです（to は不定詞の「形容詞的用法（同格）」）です。

> chance to 〜「〜する機会」、take an entrance examination「受験する」

049 I would have been [in real trouble but for] your help.

▶would have beenから仮定法を考える

今回は語群にifがないので、but for 〜「〜がなければ」という表現をつくります。be in trouble は「困った状態で」という熟語です（今回は trouble の前に real がある）。

和訳 あなたの助けがなければ、私は本当に困ったことになっていたでしょう。

050 [If it were not for water], we could not live.

▶withoutのバリエーション

If it were not for 〜「今〜がなければ」という慣用表現をつくります。ついでに倒置 Were it not for 〜 も瞬時に言えるようにしておきましょう。

和訳 もし水がなかったら、私たちは生きていけないだろう。

Review If it were not for 〜 の意味は？ ➡ 答えは52ページ

受動態

単に「される」と訳すのが受動態だと思ってはいけません。受動態は「語順」や「形」を意識することがすごく大事なのです。

❶ 「受動態」の基本

何が重要?

さまざまな受動態の形

(1) **助動詞**：助動詞 <u>be p.p.</u>　※「〜される」に助動詞の意味を加えればOK

(2) **進行形**：be <u>being p.p.</u>「〜されている（途中だ）」

(3) **完了形**：have <u>been p.p.</u>「〜されている・〜されてしまった」など

どう考える?

be p.p. の前に「時制を表すもの（助動詞・be・have）」がくっついたイメージです。

❷ 熟語の受動態

何が重要?

熟語 speak to 人「人に話しかける」の受動態が be spoken to になる（最後にto が残る）のがポイントです。

どう考える?

熟語が受動態になるときは、右上のイメージで考えてください。

1
動詞関連

A stranger <u>spoke to</u> <mark>the little girl</mark>. 「見知らぬ人がその少女に話しかけた」

be   p.p.（speak toで1つのカタマリ）

<mark>The little girl</mark> **was spoken to** by a stranger.

「その少女は見知らぬ人に話しかけられた」

+αは?

熟語は無数にありますが、このパターンで狙われる熟語はかなり限られます。

受動態が狙われる「熟語」

- □ laugh at 〜 「〜を笑う」
- □ run over 〜 「（車が）〜をひく」
- □ speak to 〜 「〜に話しかける」
- □ deal with 〜 「〜を処理する」
- □ do away with 〜 「〜を廃止する」
- □ look up to 〜 「〜を尊敬する」
- □ look down on 〜 「〜を軽蔑する」
- □ look after 〜・take care of 〜 「〜を世話する」

③ 使役・知覚動詞の受動態

何が重要?

SVOC（使役・知覚動詞の構文）で、Cの部分に「原形」がきた文を受動態にするとき、「原形は to 〜 になる（be p.p. to 〜 の形）」のが重要です。

どう考える?

以下の書き換えをチェックしてください。使役・知覚動詞は「原形」と相性が良い（詳しくは207ページ）という思い込みが強いので、ミスする人が続出します。

They made me **work**. 「彼らは私を働かせた」 ※work は動詞の原形

↓ 原形は to 〜 になる！

➡ I was made **to work**. 「私は働かされた」

051 □□□ Who was this picture （　　　） by?

① be painted　　　　② painted
③ paint　　　　　　　④ painting

（大阪産業大学）

052 □□□ I was （　　　） by a foreigner last week.

① speak　　　　　　② spoke
③ spoken to　　　　　④ spoke to

（大阪経済大学）

053 □□□ Jessica was （　　　） the building with her sister.

① seeing enter　　　　② seeing entering
③ seen enter　　　　　④ seen to enter

（東洋英和女学院大学）

054 □□□ My younger brother was made （　　　） the room when my piano teacher came for my lesson.

① leave　　　　　　② left
③ to be left　　　　④ to leave

（立教大学）

055 □□□ Cathy was very pleased （　　　） the results of her final exams.

① with　　　　　　② from
③ in　　　　　　　④ of

（広島修道大学）

Answer 「（今）〜がなければ」

1 動詞関連

---

051 ② ▶Who 〜 by? の形

「この絵（this picture）が描かれる」という受動態（be＋p.p.）にします。もともとは Was this picture painted by 人 ？「この絵は 人 によって描かれたの？」で、人 ➡ who になり文頭に出た形です（正式には whom ですが、現代では who で代用するほうが多い）。

和訳 この絵は誰が描いたのですか？

---

052 ③ ▶speak to 人 「人 に話しかける」の受動態

受動態は be spoken to（最後に to が残る）のがポイントです（to by という形に違和感を持って勝手に to を消したりしてはいけません）。speak to で「1つの動詞」と考えるわけです。

> be spoken to by 〜「〜に話しかけられる」を使ってオリジナルの英文を言ってみよう！

和訳 先週、私は外国人に話しかけられた。

---

053 ④ ▶知覚動詞での受動態は？

知覚動詞（see）の受動態では、後ろにあった原形は to 〜 に変わります。後ろに原形がくる③を選んではいけません。

> 能動態では「原形」でも、受動態では to 〜 に変える。

和訳 ジェシカは姉とその建物に入っていくところを目撃された。

---

054 ④ ▶使役動詞での受動態は？

空所直前 was made に注目です。使役動詞（make）が受動態になっているので、to 〜 を使った④が正解です。③は to の後にさらに受動態の形になって、その後の the room とつながりません。

和訳 私のピアノの先生がレッスンのために来たとき、弟は無理やり部屋から出された。

---

055 ① ▶be pleased の後にくる前置詞は？

be pleased with 〜「〜に喜んでいる・満足している」という熟語です。please は本来「喜ばせる」という意味で、受動態 be pleased は「喜ばせられる」➡「喜んでいる」となります（Chapter4 UNIT1）。この with は「関連（〜について）」を表します。

> be satisfied with 〜「〜に満足している」もあわせてチェック！

和訳 キャシーは期末試験の結果にとても満足していた。

Review "speak to 人" を受動態にするとどうなる？ ➡ 答えは54ページ

---

056 □□□ 日本語の意味になるように、[　　]内の語を並べ替えなさい。

昨日の地震でだいぶ被害があったようだ。

It seems that [was / by / damage / done / much] yesterday's earthquake.

(明海大学)

---

057 □□□ 日本語の意味になるように、[　　]内の語を並べ替えなさい。

災害から子どもたちを救うために何かをしなくてはならない。

[the children / save / something / done / be / from / to / must] the disaster.

(龍谷大学)

---

058 □□□ 日本語の意味になるように、[　　]内の語を並べ替えなさい。

負傷者たちは救急車に運び込まれているところでした。

[the / being / into / wounded / put / were] ambulances.

(九州国際大学)

---

059 □□□ 次の文の間違っている箇所を1つ選び、正しく直しなさい。

English ①has ②been ③speaking in North America for four ④hundred years.

(関西外語大学)

Answer　人 is spoken to (by 〜)

056 It seems that [much damage was done by] yesterday's earthquake.

▶ was・done で受動態を考える

「地震で被害があった」➡「地震によって被害が与えられた」という受動態だと考え、much damage was done by ~ とします。do damage「ダメージを与える・被害を及ぼす」の受動態です。

> It seems that ~
> 「~であるようだ」

057 [Something must be done to save the children from] the disaster.

▶ be と done で受動態を考える

「何かをしなくては」➡「何かがなされなくては」という受動態だと考えます。Something must be done は "助動詞 be p.p." の形です。また、to ~「~するために」、save 人 from ~「人を~から救う」となります。

058 [The wounded were being put into] ambulances.

▶「~されているところ」の形は？

「~されているところ」は現在進行形＋受動態 (be being p.p.) で were being put into ~ とします（put は過去分詞）。これは put A into B「AをBに運び込む」の受動態です。「負傷者たち」は the wounded です。

> the ＋ 形容詞 や
> the ＋ p.p. は「~
> な人々」、
> the wounded ➡
> 「負傷者」

059 ③ speaking ➡ spoken

▶主語が English なので…

「英語が話されている」という受動関係が適切なので、③speaking を spoken に直します。現在完了形＋受動態 (have been p.p.) の形です。④hundred は直前に1より大きな数字がついても複数形にしない単語なので、このままでOKです（hundreds of ~「何百もの~」という形なら s がつく）。

和訳 英語は400年間北アメリカで話されている。

Review 進行形＋受動態（~されているところだ）の形は？ ➡ 答えは62ページ

Chapter 2

準 動 詞

UNIT 1 不定詞(1) 不定詞の基本

攻略のコツ

「不定詞って何かヤだなあ」と思う人は多いでしょうが、その嫌な感じは「とらえどころのなさ」が原因です。不定詞は「広く浅い」分野で、確かに扱うことはそれなりにありますが、どれも深みはないだけに、実はけっこう簡単なんです。

① 「不定詞」の3用法

何が重要?

3用法(名詞的用法・形容詞的用法・副詞的用法)の判別が出ます。

不定詞の3用法

(1) 名詞的用法: 文の中で名詞の働きをし、S・O・Cのどれかになる。
(2) 形容詞的用法:"名詞 to 〜" の形で to 〜 が直前の 名詞 を修飾。
(3) 副詞的用法: 副詞の働きをする。

どう考える?

特に「副詞的用法」にはたくさんの意味があるので、ここでしっかりチェックしておきましょう。

副詞的用法の重要な意味

① **目的・結果系**
□ 目的「〜するために」 ※「意志を持つ動作動詞(study など)」がくる
□ 結果「その結果〜だ」 ※「無意志動詞(grow up など)」がくる
※ SV, only to 〜 「SVだが、結局〜しただけだった」 ☆コンマはなくても OK
SV, never to 〜 「SVだが、二度と〜しなかった」 ☆コンマはなくても OK

---

② 理由系

☐（感情の）原因「〜が原因で」　※「感情表現＋to〜」の形になる

☐（判断の）根拠「〜するなんて」　※「断定表現（must）」などがくる

③その他

☐too〜to ...「あまりに〜なので…できない」などの熟語

---

2 「不定詞」をとる動詞の特徴

何が重要？

want・manage・afford など「後ろに to をとる動詞」が狙われます。

to〜をとる動詞

① 希望・計画・決心

☐want to〜「〜したい」　　　　　☐hope to〜「〜したい」

☐desire to〜「〜したい」　　　　☐plan to〜「〜する計画だ」

☐decide to〜「〜することに決める」

② チャレンジ・積極性

☐try to〜「〜しようとする」　　　☐attempt to〜「〜しようとする」

☐mean to〜「〜しようとする」　　☐seek to〜「〜しようと努力する」

☐manage to〜「何とか〜する」　　☐afford to〜「〜する余裕がある」

☐come to〜「〜するようになる」　☐get to〜「〜するようになる」

☐learn to〜「〜できるようになる」

どう考える？

高校受験であればほんの数個なので丸暗記可能ですが、大学受験では暗記しきれません。そこでto 不定詞のイメージから理解する必要があります。

実はto不定詞には「前向き未来志向」のイメージがあります。そのため「希望」などのプラスイメージを持つ動詞はtoをとる傾向があるのです。そこを意識して、上の動詞をもう一度チェックしてみてください。

> **to 不定詞は「前向き未来志向」／前向きな動詞は to をとる！**

+αは?

「前向き未来志向」のイメージから派生して、少しずつ本来の意味から離れていきます。「未来の行為」➡「これから1回（だけ）起こること」と派生して、「単発」のニュアンスを持つ動詞も to 不定詞と相性がよいことになります。

---

③ 単発

□ happen to ～「たまたま～する」　　□ pretend to ～「～のふりをする」

□ seem to ～「～のようだ」　　　　　□ appear to ～「～のようだ」

□ prove to ～「～だと判明する」　　　□ turn out to ～「～だと判明する」

　さらに「これから～することを<u>拒否する</u>」という否定的な意味を持つ動詞も to をとります。ここまでくると「前向き」ではなくなるのですが、「未来志向（これから～する）」という点は保っています。

---

④ 否定

□ refuse to ～「～を拒む」　　　　　□ hesitate to ～「～をためらう」

□ fail to ～「～しない」

---

❸ "be to 構文" の考え方

何が重要?

"be to 原形"「～することになっている」という形が重要です。

どう考える?

　世間では "be to 原形" には5つの訳し方があるとされ、訳語を丸暗記させられると思います。参考までに挙げると、「予定（～する予定）・意図（～するつもり）・義務（～しなくてはいけない）・可能（～できる）・運命（～する運命だ）」という

ものです。

　でも実は "be to構文" はすべて「これから〜することになっている」という意味を根底に持ちます。to は「未来志向（これから〜する）」なので、be to 〜 の直訳は「これから〜する状態だ」だからです。

　ですから be to を見たら、「どの訳し方だろう？」なんて考えずに、まずは「これから〜することになっている」この意味で考えてみてください。英文の意味は十分に読み取れるはずです。

> ╋ 英語の核心
>
> **"be to構文"はすべて「これから〜することになっている」という意味！**

＋αは？

「予定・意図・義務・可能・運命」の5つの意味はすべて「これから〜することになっている」がベースになっているのです。たとえば、**They are to be married.** は、従来は「あの2人は結婚する予定だ」と訳すと説明されますが、これも「結婚することになっている」で十分なのです。この文は「結婚する予定」であり、「結婚する意図」があり、「結婚は義務」であり、「結婚が可能」で、もはや「結婚する運命」なのです。このように5つの意味が絡み合っているのが、be to の本質なんです。

　普段は「これから〜することになっている」という発想だけで困ることはありません。もし精密に訳したいと思う場合、つまり5つの意味のうちどれかを前面に出したほうがより自然になると思えば、そうしてもかまいません。ただ、無理に5つの訳し方を覚えて、さらに当てはめたりする必要などないということをここで知っておいてください。

060
☐☐☐

Fast food restaurants are popular because many people want （　　　）.

① to eat quickly and cheaply 　② eat quickly and cheaply

③ eaten quickly and cheaply 　④ the eating quickly and cheaply

（青山学院大学）

061
☐☐☐

If you decide （　　　） the proposal, please send it to me by the end of May.

① submit 　　　　　　② submitting

③ to submit 　　　　④ to be submitted

（広島工業大学）

062
☐☐☐

Please do not （　　　） to contact me if you have any further questions.

① hesitate 　　　　　② hesitation

③ be hesitating 　　④ hesitated

（大阪経済大学）

063
☐☐☐

Library books are probably a better way （　　　） reliable information for your graduation thesis.

① to get 　　　　　　② to got

③ to had gotten 　　④ to have gotten

（共立女子大学）

064
☐☐☐

I came all the way to see my best friend from high school, （　　　） to find that she had moved.

① about 　　　　　　② as

③ enough 　　　　　④ only

（青山学院大学）

Answer　be being p.p.

060 ① ▶ wantの後ろにくるのは?

want to ～「～したい」の形にします。wantは「これから～したいと思っ
ている」という未来志向の動詞なので、後ろにto ～ をとります（もちろん、
I want you. のように名詞・代名詞をとることも可能です）。

和訳 多くの人々が早く、そして安くご飯を食べたがるのでファストフード店は
人気がある。

061 ③ ▶ decideする内容は「未来」のこと

空所の直前にある decide に注目して、decide to ～「～することに決める」
とします。「企画を提出する」という能動関係が適切なので③が正解です。

和訳 企画を提出することにしたのなら、5月の終わりまでに私に送ってくださ
い。

062 ① ▶ Pleaseから始まる命令文

do notの後ろには「動詞の原形」がくるので①を選びます（③のようなbe
-ingは不可）。do not hesitate to ～ は直訳「～することをためらわない
で」➡「遠慮せず～して」となります。hesitate「ためらう」は否定的なイ
メージですが、「未来志向（これから～することをためらう）」なのでto を
とります。

> don't hesitate
> to ～「遠慮せず～
> して」はビジネス英
> 語でも超頻出。

和訳 もしまだ質問があれば、遠慮せずに連絡してください。

063 ① ▶ wayを修飾する適切な形は?

"to +原形"の①が正解です。不定詞の形容詞的用法（同格）で、a better
way to get ～「～を得るためのより良い方法」となります。まずa better
wayと漠然と言ってから、そのwayの内容をto以下で具体的に説明する
用法です。

> a way to ～「～
> する方法」は頻出。

和訳 卒業論文のための信頼できる情報を得るには、図書館の本の方が良いだろ
う。

064 ④ ▶ 不定詞の「結果」用法

SV, only to ～「SVだが、結局～しただけだった」の形です。直訳「ただ～
するためだけにSVした（ようなものだ）」➡「SVしたが、結局～しただけ
だった」となります。

> SV(,) only to
> find ～ の形でよく
> 出る（コンマはなく
> てもOK）!

和訳 私ははるばる高校時代の親友に会いに来たのだが、彼女は引っ越してしま
っていた。

Review hesitateの後ろは (to ～・-ing) がくる ➡ 答えは64ページ

問題演習 STEP 2 それぞれの設問の指示にしたがい、
問題を解きなさい。

---

065 次の文の間違っている箇所を1つ選び、正しく直しなさい。

①It is easy to misunderstood ②what others are saying ③if they are talking in a language ④that is not your own.

（早稲田大学）

---

066 [　　]内の語を並べ替えなさい。

[achieve / its / goal / to], the firm will cut the average salary by 3%.

（大阪経済大学）

---

067 [　　]内の語を並べ替えなさい。

The book [heavy / is / lift / to / too].

（駒沢女子大学）

---

068 日本語の意味になるように、[　　]内の語を並べ替えなさい。

パネルディスカッションの後に、質疑応答の時間があることになっている。

There is [a / and / answer / be / question / to] session after the panel discussion.

（追手門学院大学）

Answer to 〜 （hesitate to 〜 で「〜することをためらう」という意味）

065 ① It is easy to misunderstood ➡ It is easy to misunderstand

▶**toの直後の形は？**

It is 形容詞 to 原形 「～するのは形容詞だ」の形です（It は仮主語、to ～ が真主語）。to の後ろには「動詞の原形」がくるので、①の misunderstood を原形 misunderstand に直します。ちなみに、misunderstand の目的語 として what others are saying「他人が言っていること」がきています。 what は名詞節をつくる関係代名詞です（Chapter3 UNIT2）。

和訳 他の人々が自分の母語ではない言語で話している場合、その人たちが言っ ている内容は誤解しやすい。

066 [To achieve its goal], the firm will cut the average salary by 3%.

▶**コンマ以降で文（SVO）が完成している**

コンマの前は「（文構造上）余分な要素」＝「副詞のカタマリ」になると考え ます。語群の to に注目して、To achieve its goal「その目標を達成するた めに」とすれば OK です。不定詞の副詞的用法で「目的」を表します。

> by は「差（～の分 だけ）」を表す。

和訳 目標を達成するために、その企業は平均給与を3パーセント削減する予定 だ。

067 The book [is too heavy to lift].

▶**to と too をセットで考える**

too ～ to ...「あまりに～なので…できない」の形です。ちなみに、この to は限定「～する点において」を表し、本来は「…するという点において～す ぎる」という意味です。

和訳 その本は重すぎて持ち上げられない。

068 There is [to be a question and answer] session after the panel discussion.

▶**日本文「あることになっている」に注目**

be to 構文は「～することになっている」と解説しましたが、この問題は出 題側がまさにその意味で覚えているかを聞いているわけです。There is to be ～「～があることになっている」は、There is の間に be to（ここで は is to）が割り込んだ形です。「質疑応答」➡「Q & A」➡ question and answer の順にすれば OK です。

> be to 構文の核心 は「これから～する ことになっている」

Review be to ～ の核心的な意味は？ ➡ 答えは68ページ

不定詞(2) 不定詞を使ったさまざまな表現

攻略のコツ

　苦手な人が多い「完了不定詞」は図で考えれば簡単で、入試問題も単純なパターンしか出ません。ここで完璧にマスターしておきましょう。

1 「to 不定詞」のバリエーション

何が重要?

「不定詞のバリエーション」のまとめ

意味上の主語	for 人 to 〜
否定	not to 〜
完了形	to have p.p.
受動態	to be p.p.

どう考える?

　まず、普通のto 〜 は「主節と同じ時制」です。たとえば、He seems to be rich.「彼はお金持ちのようです」なら、「今」richだと、「今」予想しています。

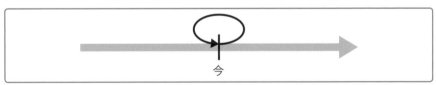

今

　しかし完了不定詞（to have p.p.）は「主節より1つ前の時制」を表します。He seems to have been rich.「彼はお金持ちだったようです」は、「過去」にrichだったと「今」予想しているわけです（seemsが現在形なのでto have beenは「過去」を表す）。

2 to 不定詞を使った慣用表現

何が重要？

不定詞を使った慣用表現(I)

☐ All S have to do is {to} 原形 「S は〜しさえすればよい」

☐ know better than to 〜 「〜しないだけの分別がある」

☐ have nothing to do with 〜 「〜とは全然関係がない」

☐ feel free to 〜 「自由に〜してよい」

☐ so 〜 as to ... 「とても〜なので…・…なくらい〜だ」　※so 〜 that sv と同じ意味

☐ so as to 〜 ・ in order to 〜 「〜するために」　※so that sv と同じ意味

不定詞を使った慣用表現(2)

☐ to be honest 「正直に言って」　　☐ to be frank 「率直に言って」

☐ to be sure 「確かに」　　☐ to tell the truth 「実を言うと」

☐ to begin with ・ to start with 「まず最初に」

☐ to make matters worse 「さらに悪いことには」

☐ needless to say 「言うまでもなく」　☐ so to speak 「いわば」

不定詞を使った慣用表現(3)

☐ be able to 〜 「〜できる」　　☐ be unable to 〜 「〜できない」

☐ be about to 〜 「まさに〜するところだ」　　☐ be eager to 〜 「〜したがる」

☐ be likely to 〜 「〜しそう」　　☐ be unlikely to 〜 「〜しなさそう」

☐ be sure to 〜 「きっと〜する」

☐ be willing to 〜 「進んで〜する・〜するのをいとわない」

☐ be unwilling to 〜 ・ be reluctant to 〜 「〜したがらない」

STEP 1 それぞれの空所に入る最も適切なものを選択肢から1つ選びなさい。

069 Mary seems to (　　　) a bad cold when she visited the place.

① have been caught　② be caught
③ caught　④ have caught

(関東学院大学)

070 I'm sorry I don't know. I have nothing (　　　) with this matter.

① to have done　② to be done
③ to do　④ to doing

(名城大学)

071 To be (　　　), I am exhausted from lack of sleep today.

① significant　② practical
③ faithful　④ honest

(獨協大学)

072 彼女はちょうど家を出るところだった。
She was (　　　) to leave home.

① about　② able
③ almost　④ always

(名古屋学院大学)

073 Because of the heavy snowstorm, the airplane is (　　　) to arrive late.

① likely　② planned
③ possible　④ decided

(南山大学)

Answer 「これから〜することになっている」

---

069 ④　▶前後と自然につながる形は?

seem to ～「～するようだ」の形で、さらに今回は不定詞の完了形 (to have p.p.) になっている④が正解です。「過去 (風邪をひいた)」のことを「今予想 (seems)」しています。①と②は受動態で、直後の a bad cold とつながりません。

> seems to have p.p. を何度も口ずさんでおこう!

和訳 メアリーはその場所を訪れたとき、ひどい風邪をひいたようだ。

---

070 ③　▶空所の前後で熟語が浮かぶか?

have nothing to do with ～「～とは全然関係がない」という表現です。with は「関連 (～に関して)」を表します。また、have much to do with ～「～と大いに関係がある」、have something to do with ～「～と少し関係がある」もチェックを。

和訳 残念だけど知らないな。その件とはまったく関係がないよ。

---

071 ④　▶to be honest「正直に言って」という熟語

honest は「正直な」という意味です。ちなみに、①は「重要な・かなりの」、②は「実用的な」、③は「誠実な」という意味です。

和訳 正直に言うと、私は今日、睡眠不足でへとへとだ。

---

072 ①　▶「ちょうど～するところ」に注目

be about to ～「まさに～するところだ」という表現です。about は本来「まわりに」、to ～ は「これから～する」で、直訳「これから～する動作のまわりにいる」➡「まさに～するところだ」となりました。②は be able to ～「～できる」という意味ですね。

> about は本来「まわりに」➡「約・～について」となった。

---

073 ①　▶"be ～ to"になる熟語

be likely to ～「～しそう」という表現です。likely 自体は「ありそうな」という意味です。

> be likely to ～ は長文でもよく出る!

和訳 激しい吹雪のために、飛行機は到着が遅れそうだ。

Review be about to ～ の意味は? ➡ 答えは70ページ

074
☐☐☐

日本語の意味になるように、[　　]内に入る適切な語を選択肢から選び文を完成
させなさい。

明日の会議に来ることはできますか。

Is [＿＿＿] possible [＿＿＿ ＿＿＿ ＿＿＿ ＿＿＿] to the meeting tomorrow?

① you 　　　　　　　　② for 　　　　　　　　③ come
④ it 　　　　　　　　⑤ to

(広島経済大学)

075
☐☐☐

次の文の間違っている箇所を１つ選び、正しく直しなさい。

①It is so kind ②for you ③to come ④with me.

(東洋大学)

076
☐☐☐

日本語の意味になるように、[　　]内の語を並べ替えなさい。

トムは演劇クラブに入らないことにした。

[decided / join / not / to / Tom] the drama club.

(大阪学院大学)

077
☐☐☐

次の２つの文が同じ意味になるように３つの単語を入れなさい。

a. I am sorry that I called you at midnight.
b. I am sorry (　　　) (　　　) (　　　) you at midnight.

(大阪教育大学)

074 Is [it] possible [for you to come] to the meeting tomorrow?

▶ "for 人" はどこに置く?

It is 形容詞 to 原形 「〜するのは 形容詞 だ」の形が疑問文になったもの
です。余った for you は to の前に置いて「不定詞の意味上の主語」をつく
ります。問題文は厳密には「あなたは明日の会議に来ることはできますか」
ということです。

075 ② for ➡ of

▶ kind は「人の性質」を表す形容詞

意味上の主語は for を使うのが原則ですが、It is 形容詞 to ... という形で
「人の性質を示す形容詞」を使うときは、"for 人" ではなく、"of 人" にな
ります。It is so kind of you to 〜「〜してくれるとはあなたはとても優
しい」➡「〜してくれてありがとう」と意訳できる頻出表現です。

> It is nice of you to 〜 も kind を使ったときと同じ意味になる!

和訳 私と来てくれるなんて本当に親切だね。

076 [Tom decided not to join] the drama club.

▶ not の位置は?

decide は後ろに to 〜 をとります。to不定詞の否定形は "not to 〜" なので、
Tom decided not to 〜「トムは〜しないことに決めた」とします。ちな
みに、もし Tom didn't decide to 〜 なら「〜することを決めなかった」に
なります。

> not は to の直前に置く。

077 to have called

▶ sorry なのは現在、called は過去

be sorry that sv 〜 = be sorry to 原形 です。今回は I am sorry that I
called you 〜 と時制がズレているので、不定詞の完了形 (to have p.p.)
にします。「過去」に電話したことを、「今」謝っているわけです。

> 完了不定詞は「主節より1つ前の時制」を表す!

和訳 真夜中にお電話して申し訳ありません。

Review 「〜しないことに決める」はどっち? "decide not to 〜" or "decide to not 〜" ➡ 答えは76ページ

UNIT 3 動名詞(1) 動名詞の基本

攻略のコツ

　　動名詞をとる動詞は丸暗記されるのが普通ですが、実は「反復・中断・逃避」のイメージを持つ動詞は -ing をとる傾向が強いのです。

❶ 「動名詞」の基本的な使い方

どう考える?

　　動名詞は「動詞と名詞が組み合わさったもの」と説明されますが、結局のところ動名詞は「名詞」なのです。文中では「名詞」として S・O・C の働きをします。

❷ 「動名詞」をとる動詞の特徴

何が重要?

　　finish や mind など「直後に動名詞 (-ing) がくる動詞」が狙われます。「反復・中断・逃避」のイメージを持つ動詞は動名詞をとると考えてみてください。

---

① 「反復」のイメージ

☐ practice「練習する」

☐ enjoy「楽しむ」　　※「何度も反復して楽しむ」

☐ be used to -ing「〜することに慣れている」　　※この to は前置詞

☐ mind「気にする」　　※「頭の中で嫌なことを反復して気にする」

☐ consider「考える」　　※「何度も反復して考える」

☐ look forward to -ing「〜を楽しみにする」　　※「楽しいことを何度も反復して
　　考える」／この to は前置詞

② 「中断」のイメージ

☐ stop・give up「やめる」

☐ finish「終える」

---

③「逃避」のイメージ

□ miss「逃す」　　　　　　　□ avoid・escape・help「避ける」

□ put off・postpone「延期する」

□ object to -ing・be opposed to -ing「反対する」

どう考える?

　数十年昔から（動詞の頭文字をくっつけた）「megafeps（メガフェプス）」というゴロ合わせがあります。mind／enjoy／give up／avoid／finish／escape／put off／stop ですが、これだけでは足りないですし、動名詞のイメージがまったくわからないので応用問題に対処できなくなるため、僕は勧めません。

　動名詞のイメージは「不定詞と逆」と考えてください。「to不定詞は積極的⇔動名詞は消極的（中断・逃避）」、「to不定詞は単発⇔動名詞は反復」となるのです。

3 -ing と to 〜 を両方とる動詞

何が重要?

-ing が「過去」を表すパターン

□ remember to 〜「（これから）〜するのを覚えている」

□ remember -ing「（過去に）〜したのを覚えている」

□ forget to 〜「（これから）〜するのを忘れる」

□ forget -ing「（過去に）〜したのを忘れる」

□ regret to 〜「残念ながら〜する」　※直訳「これから〜したら後悔する」

□ regret -ing「（過去に）〜したのを後悔する」

□ stop to 〜「立ち止まって〜する」　※直訳「〜するためにストップする」

□ stop -ing「〜するのをやめる」

どう考える?

　stop以外は、toがついたら「これから〜する」、-ingの場合は「過去に〜した」と考えればOKです。

各問題についている「チェックボックス」は好きなように使って
OKですが、たとえば以下のように活用してみてください。

1回目　　正解→✓／不正解→〇／正解だが曖昧→△をつける

まず1回目は実力チェックのつもりでトライしてください。不正
解だったものには〇印でチェックをしましょう。正解した問題も解
説は読んでください。「答」だけでなく「解き方・考え方」も合って
いるなら✓を。その問題は永久にやる必要はありません。しかし、
正解したものの、なんとなくで解いたり、時間が経てば忘れそうな
ものには△をつけておきましょう。

2回目・3回目

やり方で差がつくのはここからです。2回目から「今度こそ正解
してやる」なんて解こうとしないでください。それこそ同じミスを
繰り返して落ち込むだけです。あげく自分の頭を責めて、英語をや
りたくなくなっちゃうんです。

2回目からは、決して「問題を解く」のではなく、「解説を読む」の
です！　参考書のように解説を熟読しましょう。終わったら、もう
1度その作業を繰り返します。

4回目以降

次に10日〜2週間程度、問題集を放っておきます。その後に、〇
と△のついた問題にリベンジしましょう。正解したら〇（もしくは
△）に一本斜め線を入れます（できなかったものはそのまま）。解説
もきちんと読みましょう。

そしてさらに10日〜2週間後、もう1回〇と△の問題を解きます。
前回同様、今回も解ければ斜め線が2本入って×印になるはず。×
がついたら完璧です。

前回できなかった問題が今回できたり、逆に前回できたのに今回で

きないと斜め線は1本のままですね。×になるまで何度もやります。
　これを繰り返し、無印（最初からできた問題）以外のすべての問題が×になるまで繰り返します。かなり大変な作業ですが、ここまでやると必ず効果が出ます。合格した教え子に文法の問題集を何回やったか聞くと、答えは「5回」「6回」「8回」「覚えてないけど10回は余裕で」という答えばかりです。合格する子たちは、2〜3回やってもできないのはわかってるので、落ち込んでるヒマがあれば何度もリトライしてるだけです。それに、どんどん×の数が増えていくのは結構楽しいものですよ。

078
☐☐☐

My hobby is (　　　) broken tools.

① repairing
② to be built
③ building
④ being repaired

（駒澤大学）

079
☐☐☐

Peter is used to (　　　) late on weekends.

① work
② working
③ have worked
④ be working

（南山大学）

080
☐☐☐

Mother asked Father many times to (　　　) up drinking too much.

① finish
② stop
③ give
④ take

（杏林大学）

081
☐☐☐

They've put (　　　) making their decision for another week.

① away
② forward
③ off
④ on

（摂南大学）

082
☐☐☐

I'll never forget (　　　) Kofu when I was young.

① to visit
② to have visited
③ visited
④ visiting

（山梨大学）

Answer　decide not to 〜

1 動詞関連

2 準動詞

3 構造系

4 品詞系

5 文型

078 ① ▶is の補語 (C) になる形は?

My hobby is -ing「私の趣味は〜することだ」の形になる①が正解です。受動態の②と④は空所直後に目的語 (broken tools) があるのでつながりません。ちなみに、動名詞は「反復」のイメージを持つので、hobby「(何度も反復する) 趣味」と相性がよいのです。たまに問題集で見かける、不定詞を使った My hobby is to 〜 という文はきわめて不自然なので使わないように。

> My hobby is -ing「私の趣味は〜することだ」で趣味を言ってみよう。

和訳 私の趣味は壊れた道具を修理することだ。

079 ② ▶be used to の後ろの形は?

be used to -ing「〜することに慣れている」という形です。「反復して慣れる」というイメージから -ing をとります (この to は前置詞)。used to 原形「かつて〜していた・以前は〜だった」としっかり区別してください。

和訳 ピーターは週末に遅くまで仕事をするのに慣れている。

080 ③ ▶up -ing とつながるのは?

give up -ing「〜するのをあきらめる・やめる」の形です。stop・give up・finish は「中断」のイメージなので、後ろには -ing がきます。英文全体は ask 人 to 〜「人に〜するよう頼む」の形です。

和訳 母は父に何度もお酒を飲みすぎるのをやめるように頼んだ。

081 ③ ▶後ろに -ing をとるのは?

put off -ing「〜することを延期する」の形です。put off・postpone「延期する」は未来と結びつくように思えますが、「やらなくてはいけないことを先延ばしにする」➡「現実逃避」という否定的イメージから後ろに -ing をとると考えてください。他の選択肢は、put away「片付ける」／put forward「提案する・早める」／put on「身につける」です。

> put off は「現実逃避」のイメージ。

和訳 彼らはもう1週間決定を先送りにした。

082 ④ ▶forget は2つの可能性を考える

forget は、forget -ing「(過去に) 〜したことを忘れる」と forget to 〜「(これから) 〜することを忘れる」を考えます。when I was young から「過去のことを忘れる」と考え、④の -ing を選びます。

> to は「未来」、-ing は「過去」

和訳 若いころ甲府に行った時のことを決して忘れないだろう。

Review 「〜することに慣れている」はどっち？ "used to 原形" or "be used to -ing" ➡ 答えは78ページ

77

---

083 ☐☐☐ 次の文の間違っている箇所を1つ選び、正しく直しなさい。

①With an automobile, it is possible ②to go directly from place to place without ③to have to change from one ④means of transportation to another.

（関西外国語大学）

---

084 ☐☐☐ 次の文の間違っている箇所を1つ選び、正しく直しなさい。

We have been looking forward ①to see ②the Smiths again since we ③heard about ④their first visit to Japan.

（法政大学）

---

085 ☐☐☐ [　]内の語を並べ替えなさい。

We should [avoid / plastic bottles / reduce / to / using] the trash.

（関東学院大学）

---

086 ☐☐☐ 日本語の意味になるように、[　]内の語を並べ替えなさい。

明日の朝、忘れずに電話をください。

Please [call / remember / tomorrow / to / me / morning].

（大阪学院大学）

Answer　be used to -ing

083 ③ to have ➡ having

▶ without の品詞は?

③の直前にある without は前置詞なので、後ろには「名詞・動名詞」がきます。③to have を動名詞 having に直せば OK です。without having to ～「～する必要なく」です（have to ～「～しなくてはならない」が動名詞になっている）。

> means「手段」は単複同形（単数・複数が同じ形）

和訳 自動車があれば、交通手段を変えることなく場所から場所へと直接向かうことができる。

084 ① to see ➡ to seeing

▶ look forward to -ing「～することを楽しみに待つ」

look forward to は「楽しいことを頭の中で何度も反復して考える」というイメージから、後ろに -ing をとると考えてください。ちなみに、②the Smiths は the ＋ 苗字の複数形 「～家の人々」という用法です（the ＋ 複数形 は「特定集団」を表す）。

和訳 スミス一家が初めて来日すると聞いてから、再び会えるのを楽しみにしている。

085 We should [avoid using plastic bottles to reduce] the trash.

▶ avoid の後ろは?

avoid -ing「～することを避ける」の形で、avoid using ～「～を使うことを避ける（使わないようにする）」とします。to reduce ～「～を減らすために」は不定詞の副詞的用法です。

> プラスチック汚染の話は長文で頻出。この英文を読み込もう。

和訳 私たちは、ゴミを減らすためにペットボトルの使用を避けるべきだ。

086 Please [remember to call me tomorrow morning].

▶「忘れずに～ください」を表すには?

語群の remember に注目して、remember to ～「（これから）～することを覚えている・忘れずに～する」の形にします。「忘れずに私に電話して」ということなので、Please remember to call me とすれば OK です。

> remember -ing なら「（過去に）～したことを覚えている」。

Review 「忘れずに～する」はどっち? "remember to ～" or "remember -ing" ➡ 答えは82ページ

UNIT 4 動名詞(2) 動名詞を使ったさまざまな表現

攻略のコツ

> やっかいな "to -ing" の形は「動名詞の3つのイメージ」と「前置詞toの意味」から攻めることで、丸暗記がなくなります。

1 「動名詞」のバリエーション

何が重要?

「動名詞のバリエーション」のまとめ

意味上のS	所有格＋-ing／目的格＋-ing
否定	not -ing
完了形	having p.p.
受動態	being p.p.

2 動名詞を使った慣用表現

何が重要?

動名詞の慣用表現(1)

☐ It goes without saying that ～「～は言うまでもない」

☐ cannot help -ing「どうしても～してしまう」　※= cannot help but 原形

☐ have trouble[difficulty] -ing「～するのに苦労する」

☐ feel like -ing「～したい」　※like は「前置詞（～のような）」

☐ on -ing「～するとすぐに」　※「2つの行為が接触するくらい（すぐに）」

☐ There is no -ing「～できない」

☐ It is no use -ing「～しても無駄だ」

☐ be worth -ing「～する価値がある」　※worth は前置詞

どう考える?

helpには「避ける」という意味があるので、「逃避」のイメージから直後に -ing をとり、cannot help -ing「～することを避けることができない」→「どうしても ～してしまう」となります。

+αは?

"to -ing"の形になる熟語は、to不定詞とまぎらわしいのですが、まずは動名詞 の3つのイメージで解決できるものから整理してみてください。

動名詞の慣用表現(2) "to -ing"（3つのイメージで解決）

□ be used to -ing「～に慣れている」　※反復

□ look forward to -ing「～を楽しみに待つ」　※反復

□ object to -ing・be opposed to -ing「～するのに反対する」　※逃避

最後に前置詞 to の本来のイメージである「方向・到達」から考えるとスッキリ 整理できるものをチェックしましょう。

動名詞の慣用表現(3) "to -ing"（前置詞 to「方向・到達」で解決）

□ when it comes to -ing「～することになると」

□ come close to -ing・come near to -ing「もう少しで～するところ」

□ devote oneself to -ing・be devoted to -ing・dedicate oneself
to -ing・be dedicated to -ing「～するのに専念する」

□ What do you say to -ing?「～するのはどう？」

問題演習 **STEP 1** | それぞれの空所に入る最も適切なものを選択肢から1つ選びなさい。

087
☐☐☐

He is very afraid of (　　　) by his teacher for what he did in class.

① having scolded　　　② scolding
③ being scolded　　　④ scold

（関西学院大学）

088
☐☐☐

It goes without (　　　) that nothing is more important than our health.

① having　　　② hearing
③ knowing　　　④ saying

（青山学院大学）

089
☐☐☐

The audience could not help (　　　) the performance of the young pianist.

① admire　　　② admired
③ admiring　　　④ to admire

（明星大学）

090
☐☐☐

I had a lot of difficulty (　　　) a good place to live near my college.

① found　　　② for finding
③ of finding　　　④ finding

（東京経済大学）

091
☐☐☐

When it comes (　　　), people are careful.

① in buying houses　　　② to buy houses
③ to buying houses　　　④ with houses bought

（日本女子大学）

Answer　remember to 〜

087 ③ ▶動名詞の受動態 (being p.p.)

of の後なので動名詞がきますが、①も②も能動態「叱る」になってしまいます。by 以下を考えて受動態になっている③の **being scolded**「叱られること」を選びます。

和訳 彼は、先生に授業中にしたことについて叱られるのをとても恐れている。

088 ④ ▶It goes without saying that ～「～は言うまでもない」

it は「状況・話題」くらいの意味で、直訳「～と言わなくても、状況・話題は進む」➡「～は言うまでもなく」です。ちなみに、that 節中は「最上級の書き換えパターン」になっています（Chapter3 UNIT4）。

和訳 言うまでもなく、健康より大事なものなど何もない。

089 ③ ▶could not help の後ろの形は？

cannot help -ing「どうしても～してしまう」という熟語です（今回は can が過去形 could になっただけ）。実は help には「避ける」という意味があり、動名詞の「逃避」のイメージから -ing をとります。直訳「～することを避けることができない」➡「どうしても～してしまう」です。

> help「避ける」は「逃避イメージ」で後ろに -ing。

和訳 聴衆はその若いピアニストの演奏に感心せざるをえなかった。

090 ④ ▶have difficulty -ing「～するのに苦労する」

本来は have difficulty <u>in</u> -ing「～する際に困難を持つ」で、そこから in が省略されるようになりました。difficulty 以外に trouble・a hard time でも OK です。

和訳 大学の近くで暮らすのに良い場所を見つけるのに、かなり苦戦した。

091 ③ ▶when it comes to -ing「～することになると」

この熟語では「to は前置詞」なので、to の後ろには -ing がくるのもポイントになります（実際、今回の問題では②がひっかけになっています）。

> when it comes to -ing は会話や長文でも頻出！

和訳 家の購入となると、人々は慎重になる。

Review It goes without saying that ～ の意味は？ ➡ 答えは84ページ

---

092 □□□

日本語の意味になるように、[　]内の語を並べ替えなさい。

トムがその賞をもらうことを私は確信している。

I [Tom / sure / winning / of / the prize / am].

（関東学院大学）

---

093 □□□

日本語の意味になるように、[　]内の語を並べ替えなさい。

地下鉄の駅から出たとき、私は傘を持ってこなかったことを後悔した。

When I got out of the subway station, [having / I / not / an / umbrella / regretted / with / brought] me.

（関西学院大学）

---

094 □□□

日本語の意味になるように、[　]内の語を並べ替えなさい。

明日誰が最初に来るのかはわからない。

There [come / no / is / telling / who / will] first tomorrow.

（東京国際大学）

---

095 □□□

次の２つの文が、それぞれほぼ同じ意味になるように（　）内に適当な単語を１語ずつ入れなさい。

a. Let's go fishing next Sunday, shall we?
b. （　　　）do you（　　　）（　　　）fishing next Sunday?

（大阪教育大学）

Answer 「～は言うまでもない」

092 I [am sure of Tom winning the prize].

▶「トムがもらう」と「私は確信している」

「私は確信している」なので、I am sure of -ing の形をつくります。ただし「トムがもらう」なので、winning の前には「動名詞の意味上の主語」として Tom（この Tom は目的格）を置きます。win the prize は「その賞を取る・受賞する」です。

> win ≒ get の感覚で押さえておこう！

093 When I got out of the subway station, [I regretted not having brought an umbrella with] me.

▶動名詞の「否定」と「完了形」

「私は後悔した」なのでまずは、I regretted -ing を考えます。「（過去に）～したこと」は動名詞の完了形 having p.p. で、「not は動名詞の前に置く」ので、not having p.p. の順番になります。

> not having p.p. の順番に注意。3回口ずさんでおこう！

094 There [is no telling who will come] first tomorrow.

▶「わからない」と文頭の There に注目

語群の no と tell から、日本文「わからない」➡「伝えることができない」と考えて There is no telling ～ とします。本来は There is no {way of} -ing「～する方法がない」➡「～できない」となりました。

> There is no telling ～「～はわからない」はこのままよく出る。

095 What / say to

▶Let's ～「～しよう」と同じ意味は？

What do you say to -ing?「～するのはどう？」という提案表現にします。直訳「～することに対して（to -ing）あなたは何て言う？（Yes、それとも No？）」➡「～するのはどう？」となりました。この to は前置詞で、後ろに -ing がくる点も重要です。

> 提案表現の What do you say to -ing? はリスニングでも重要！

和訳　a. 来週の日曜日に釣りに行こうよ。
　　　b. 来週の日曜日に釣りをするのはどうですか？

Review　「～できない」はどっち？　"There is not -ing" or "There is no -ing" ➡ 答えは88ページ

分詞(1) 分詞の基本

攻略のコツ

　動詞surpriseの意味を知ってますか？　「驚く」ではありません。「驚かせる」です。この「〜させる」というのが、分詞という単元で一番狙われる「感情表現」攻略のポイントなんです。

① 「分詞」の形容詞的用法

何が重要?

　分詞の「働き（名詞を修飾する）」と「-ing・p.p. の判別」が重要です。

どう考える?

　分詞(-ing・p.p.)は「形容詞」の働きをするものです。形容詞とはつまり「名詞を修飾」したり、文中で「補語 (C)」になったりします。

-ing と p.p. の判別

> ① 「名詞が〜している」→ -ing　　② 「名詞が〜される」→ p.p.

② 「感情」を表す動詞

何が重要?

重要な感情動詞

> amuse「楽しませる」／ interest「興味を与える」／ excite「ワクワクさせる」／ please「喜ばせる」／ satisfy「満足させる」／ attract「興味を持たせる」／ surprise・amaze「驚かせる」／ embarrass「恥ずかしい思いをさせる」／ bore・tire・exhaust「疲れさせる」／ depress・disappoint・discourage「がっかりさせる」／ annoy・irritate「イライラさせる」／ upset「ろうばいさせる・むしゃくしゃさせる」／ frighten「怖がらせる」

どう考える?

英語の感情動詞は原則「〜させる」となります。

また、感情動詞は、-ing になると「その気持ちにさせるような」、p.p. なら「その気持ちにさせられるような」と考えてください。たとえば exciting は「(人を)ワクワクさせるような」で、excited なら「ワクワクさせられる」→「ワクワクした」となります。

✦ 英語の核心

「その気持ちにさせる」➡ -ing ／「その気持ちにさせられる」➡ p.p.

3 「付帯状況」を表す "with OC"

何が重要?

「付帯状況の with」は "with OC"「OがCのままで」という形をつくります。

「付帯状況の with」を使った重要表現

☐ with one's eyes closed「目を閉じて」

☐ with one's arms folded「腕を組んで」

☐ with one's legs crossed「足を組んで」

☐ with one's mouth full「口をいっぱいにしながら(ものを食べながら)」

どう考える?

OCという表記は「s' + v' の関係」となります(207ページ)。たとえば、with one's eyes closed「目を閉じたまま」は、もともと「目が閉じられたままで」ということです。最後の with one's mouth full の full は形容詞なので、分詞とは関係ありませんが、付帯状況の with でよく出るのでセットで覚えておきましょう。

096
☐☐☐

空所に入る最も適切なものを選択肢から1つ選びなさい。

The students (　　　) in the library are very diligent.

① read　　　　　　　　② reads

③ reading　　　　　　 ④ to be read

（東北学院大学）

097
☐☐☐

空所に入る最も適切なものを選択肢から1つ選びなさい。

A survey (　　　) last month of 5,000 voters showed that the popularity of the president had decreased.

① conduct　　　　　　② conducted

③ conducting　　　　　④ conducts

（立命館大学）

098
☐☐☐

空所に入る最も適切なものを選択肢から1つ選びなさい。

His winning the award is (　　　) news, and nobody in the classroom can believe it.

① surprise　　　　　　② surprised

③ surprises　　　　　　④ surprising

（大阪教育大学）

099
☐☐☐

次の文において、下線部の語に最も近い意味になる語を①～④から1つ選びなさい。

Ann and Ken walked all day and were <u>exhausted</u>.

① excited　　　　　　 ② praised

③ satisfied　　　　　　④ tired

（立命館大学）

100
☐☐☐

空所に入る最も適切なものを選択肢から1つ選びなさい。

This work is so easy that I could do it with my eyes (　　　).

① crossing　　　　　　② crossed

③ closing　　　　　　 ④ closed

（神戸学院大学）

Answer　There is no -ing

096 ③ ▶まずはSVを把握

The students ( ) in the library までが長い主語、are が動詞です。空所には、直前の The students を修飾する「分詞」が入ると考えます。「学生が読んでいる」という能動関係なので、-ing を選びます。もし空所に動詞が入ると考えて①read を選ぶと、後ろにある are が余ってしまいます。

和訳 図書館で読書している学生はとても勤勉だ。

097 ② ▶SVを把握 ➡ 能動 or 受動を判断

A survey ( ) last month of 5,000 voters までが長い主語、showed が動詞です。空所には、直前の A survey を修飾する「分詞」が入ると考えます。「調査が行われる」という受動関係なので、p.p. を選びます。英文全体は S showed that ~「Sは~することを示した・Sによって~することがわかった」です。

> conduct a survey「調査を行う」は重要表現。

和訳 先月5000人の有権者に行われた調査によると、大統領の人気が下がってきたことがわかった。

098 ④ ▶news が「驚かせる」

news は「(聞いた人たちを)驚かせる」という関係なので、④の surprising を選びます。S is surprising news.「Sは驚くべきニュースだ」の形でチェックしておきましょう。

> 意味上の主語がついた動名詞His winning the award が主語。

和訳 彼がその賞を受賞したのは驚くべき知らせで、クラスの誰もそれを信じられれない。

099 ④ ▶exhausted ≒ tired「疲れている」

exhaust は「外に (ex) エネルギーを出す」➡「どっと疲れさせる」という意味です。be exhausted「疲れさせられる」➡「疲れている」となります。これに近いのは④tired「疲れている」です(tire は「疲れさせる」)。①は「ワクワクしている」、②は「称賛される」、③は「満足している」です。

> 疲れたとき、I'm exhausted. と言ってみよう。

和訳 アンとケンは一日中歩いて、疲れ切っていた。

100 ④ ▶with を見たらまずは「付帯状況」を考える

with OC「OがCのままで」を考え、「目は(脳からの命令により)閉じられる」という受動関係なので、過去分詞になっている④が正解です。with one's eyes closed「目を閉じて」という重要表現です。

> 目を閉じて、with my eyes closed と3回言ってみよう!

和訳 この仕事はとても簡単だから、目を閉じていたってできるくらいだ。

Review 動詞surprise の意味は? ➡ 答えは90ページ

問題演習 STEP 2

それぞれの設問の指示にしたがい、
問題を解きなさい。

101
☐☐☐

日本語の意味になるように、[　]内の語を並べ替えなさい。

これらは有名な写真家が撮影した写真だと聞いている。

I hear [taken / the pictures / by / were / these] a famous photographer.

（佛教大学）

102
☐☐☐

次の文の、間違っている箇所を1つ選び、正しく直しなさい。

I came ①across an ②excited book which ③made me feel ④excited.

（明海大学）

103
☐☐☐

次の文の、間違っている箇所を1つ選び、正しく直しなさい。

I ①like cooking but I ②don't interest ③in Indian food ④because it is so
spicy.

（慶応大学）

104
☐☐☐

[　]内の語を並べ替えなさい。

He sat on [his legs / the sofa / crossed / with].

（大阪産業大学）

Answer 「驚かせる」

90

101 I hear [these were the pictures taken by] a famous photographer.

▶ taken や by から受動関係を考える

日本文「これらは〜写真だ」から、these were the pictures という骨格をつくります。「有名な写真家が撮影した」➡「有名な写真家によって撮影された」という受動関係だと考え、the pictures taken by 〜 とします。the pictures を taken by 〜 が後ろから修飾しているわけです。

102 ② excited ➡ exciting

▶ excite と excited の判別

an ②excited book では、excited が book を修飾しているわけですが、そもそも「本は（人を）ワクワクさせる」という能動関係なので、②excited を exciting に直します。後半では「私がワクワクさせられる」という受動関係なので、④excited のままで OK です（make OC「O を C の状態にする」の形で、C に feel excited がきている）。excite が重複してクドい文ですが、文法的に良い練習になるので採用しました（和訳は意訳しています）。

> come across「出くわす」（まるでクロスするような衝撃的な出会いのイメージ）

和訳 私はワクワクさせてくれるような本に出会った。

103 ② don't interest ➡ am not interested

▶ interest は「興味を持たせる」という他動詞

動詞 interest は直後に「人」にあたる目的語が必要なので、②はそもそも変な形です。「私はインド料理に興味を与えられる」という受動関係を考え、②don't interest を am not interested（p.p.）に直します。be interested in 〜「〜に興味がある」というおなじみの熟語でした。

> 正誤問題では、-ing ⇔ p.p. の問題が超頻出。

和訳 私は料理が好きだが、インド料理はとても辛いので興味がない。

104 He sat on [the sofa with his legs crossed].

▶「足を組んで」を表すには？

まずは sat on the sofa「ソファに座った」とします。次は with を見て付帯状況を考え、with his legs crossed「足を組んだまま」とすれば OK です。「足が（脳からの命令で）組まれる」という受動関係なので、crossed（p.p.）を使う点がポイントです。

> 足を組んで、with my legs crossed と3回言ってみよう！

和訳 彼は足を組んでソファに座っていた。

Review 「足を組んで」はどっち？ "with one's legs crossing" or "with one's legs crossed" ➡ 答えは96ページ

分詞(2) 分詞構文

「分詞構文」という意味不明なネーミングにより、苦手とする受験生が多いのです
が、分詞構文とはズバリ「-ingのカタマリが副詞の働きをするもの」です。

1 -ing と p.p. の整理

何が重要?

-ingの用法には「動名詞・分詞・分詞構文」の3つがあり、その判別が重要です。

-ingの判別

① 名詞の働き ➡「動名詞」
② 形容詞の働き ➡「分詞」　※「動形詞」って感覚
③ 副詞の働き ➡「分詞構文」　※「動副詞」って感覚

どう考える?

to不定詞には3つの用法(名詞的用法・形容詞的用法・副詞的用法)がありまし
たね。実は-ingも同じように「名詞的・形容詞的・副詞的用法」があるんです。

ただし、to不定詞とは違って、ネーミングがバラバラです。-ingが「名詞の働き」
をすれば「動名詞」です。これは単純ですね。

ところが-ingが「形容詞の働き」をするのを「動形詞」と呼べばわかりやすいの
に、文法の世界では「分詞」と呼ばれます(分詞には名詞を修飾する「形容詞」の
働きがありましたね)。

そして-ingが「副詞の働き」をするときは「動副詞」ではなく、「分詞構文」とい
う名前がつけられてしまったのです。

┿英語の核心

-ingが「副詞」の働きをしているものを「分詞構文」という。
つまり分詞構文は「動副詞」というイメージで!

+αは?

-ing に限らず、p.p. も同じように整理することができます。

p.p. の判別

① 名詞の働き ➡ ナシ（p.p. は名詞の働きをしない）
② 形容詞の働き ➡「分詞」
③ 副詞の働き ➡「分詞構文」

2 「分詞構文」の考え方

何が重要?

分詞構文の文法問題では、-ing と p.p. の判別が求められます。

どう考える?

分詞構文の問題は、3つのステップで解きます。

分詞構文の解法

(1)「分詞構文の問題」だと認識する（気づく）

問題	（　　）〜, SV
選択肢	1. -ing　　　2. p.p.

"（　　）〜, SV" という形で、選択肢に -ing ／ p.p. があれば分詞構文の問題だと考えてください。

(2) s'を復元し、能動・受動を判断

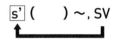

※ s' は「主節の主語」を復元したもの

分詞構文では「主節の主語と分詞構文の主語は同じ」なので、主節の主語を分詞構文の前に復元します。

⑶ 「s'が〜する」→ -ing／「s'が〜される」→ p.p.

復元した主語 (s') が「する」という能動関係なら -ing、「される」という受動関係なら p.p. を選びます。ちなみに、分詞構文では being を省略するのが普通なので、p.p. で始まる分詞構文もたくさんあります。

＋αは?

分詞構文の「訳し方」は、文法問題では問われないのですが、あまりに多くの受験生が誤解しているので、ここで確認しておきましょう（長文の下線部和訳でよく問われます）。

実は分詞構文の訳し方は「位置」によって決まるんです。まず、分詞構文の位置ですが、主節の前・真ん中・後ろ、どこにあっても OK です（分詞構文は副詞のカタマリなので、いろんなところにきます）。

分詞構文の位置と訳し方

① 主節の前にあるとき：**(-ing 〜), SV**

② 主節の真ん中にあるとき：**S, (-ing 〜), V**

　➡ ①②では「〜して、SV だ」「〜で、SV だ」など「適当に」訳す。

③ 主節の後ろにあるとき：**SV, (-ing 〜)**

　➡ 「SV だ。そして〜だ」か「〜しながら、SV だ」と訳す。

✦ 英語の核心

分詞構文の訳し方は「位置」によって決まる。
前・真ん中なら「適当」、後ろなら「そして・〜しながら」！

❸ 分詞構文の「バリエーション」と「慣用表現」

何が重要?

「分詞構文のバリエーション」のまとめ

意味上の主語	s -ing, SV　※「主格」の形で残すのがポイント

否定	not -ing, SV
完了形	having p.p., SV
受動態	{being} p.p., SV　※being は省略するのが普通

分詞構文の慣用表現⑴

- □ frankly speaking「率直に言えば」
- □ generally speaking「一般的に言えば」
- □ strictly speaking「厳密に言えば」
- □ given ～「～を考慮すると」
- □ judging from ～「～から判断すると」
- □ compared with ～「～と比べると」
- □ considering ～・taking ～ into consideration「～を考慮すると」
- □ speaking of ～・talking of ～「～と言えば」

分詞構文の慣用表現⑵（意味上のSがあるもの）

- □ all things considered「すべてを考慮すると」　＝ considering all things
- □ other things being equal「他の条件が同じならば」
- □ such being the case「そういうわけで」　※the case「実情」
- □ weather permitting「天気が良ければ」　※「天気が許可すれば」

分詞構文の慣用表現⑶（「前置詞」として考えてOKなもの）

- □ according to ～「～によれば」
- □ including ～「～を含めて」
- □ concerning ～・regarding ～「～に関して」
- □ owing to ～「～が原因で」

---

105 □□□ （　　　）out of the window, Mary saw a cat go by.

① Looked ② Looking
③ To be looked ④ To look

（武庫川女子大学）

---

106 □□□ This book, （　　　）thoroughly, will show you different ways to build a sustainable society.

① read ② reading
③ to have read ④ for reading

（川崎医科大学）

---

107 □□□ （　　　）from a distance, Kyoto Tower looks like a huge white candle.

① To see ② To be seen
③ Seen ④ Seeing

（椙山女学園大学）

---

108 □□□ その話題については、もう話し合わないことに決めた。
（　　　）that topic, we decided not to discuss it any more.

① For regard ② Regarding
③ Regarded to ④ As regarded

（中央大学）

---

109 □□□ All things （　　　）, she is a fair and reliable leader.

① considered ② to consider
③ considering ④ consider

（鹿児島大学）

Answer　with one's legs crossed

105 ② ▶メアリーは「見るor見られる」?

"( )～, SV" という形なので、分詞構文の問題だと判断します。主語 Mary を空所の前に引きずり出して復元するイメージで考えましょう。「メアリーは外を look する」という能動関係なので、-ing である②を選びます。

> 後半は see OC「OがCするのを見る」の 形 (Chapter5 UNIT3)。

和訳 窓から外を見ると、メアリーはネコが通り過ぎるのが見えた。

106 ① ▶This book が主語、will show が動詞

空所部分は SV にはさまれた「余分なカタマリ」➡副詞要素と考えて、「分詞構文」と判断します。主語 This book は「read される」という受動関係なので、p.p. である①を選びます（read の過去分詞形は read）。直訳は「この本は徹底的に読まれると、人々に～のさまざまな方法を示す」です。

> 分詞構文が真ん中にきたパターン。

和訳 本書を徹底的に読み込むことで、持続可能な社会を構築するためのさまざまな方法がわかります。

107 ③ ▶日本語訳につられない!

"( )～, SV" という形です。主語 Kyoto Tower は「see される」という受動関係なので、p.p. の③が正解です。「遠くから見ると」という日本語訳から予想して解こうとすると④Seeing を選んでしまう問題ですが、あくまで「分詞構文の解法」通りに解くようにしてください。

> Seen で始まる分詞構文は、定番のひっかけ問題。

和訳 遠くから見てみると、京都タワーは大きな白いロウソクのように見える。

108 ② ▶「～について」を表すには?

regarding ～「～について・関して」という表現です。本来は regard「みなす・考える」が分詞構文になったもので、「～について考えると」➡「～に関して」ということです。

> regarding = about

109 ① ▶All things considered「すべてを考慮すると」

All things は分詞構文の「意味上の主語」で、直訳「すべてのことが考慮されると」➡「すべてを考慮すれば」という熟語として使われる表現です。 considering all things も同じ意味ですが、こちらは主語がない普通の分詞構文です（consider の目的語が all things）。

和訳 すべてを考慮すると、彼女は公平で信頼できるリーダーだ。

Review "( )～, SV" という分詞構文の問題に気づいたら、何をする? ➡ 答えは98ページ

110 □□□ Not ①known what to say ②in reply, Tom ③remained silent in front of ④the audience.

（京都外語大学）

111 □□□ Frankly ①speak, I ②find ③the class ④boring.

（東洋大学）

112 □□□ ①Comparing with the white people, the Maori had less immunity ②to European ③diseases, so their number dropped ④rapidly.

（名古屋外国語大学）

Answer Sを空所の前にひきずり出し、「〜する」or「〜される」を判断する

| 1回目 | / | 2回目 | / | 3回目 | / |

110 ① known ➡ knowing

▶正誤問題の原則は「形から考える」

Not 〜 reply までが余分な要素なので「分詞構文」です。「トムが知っている (知らない)」という能動関係なので、①known を knowing に直します。主節は remain 形容詞「形容詞のままだ」の形です (Chapter5 UNIT1)。

和訳 何と返事したらいいかわからなかったので、トムは聴衆の前で黙り込んだ。

111 ① speak ➡ speaking

▶分詞構文の慣用表現

frankly speaking「率直に言えば」という熟語です。主節は find OC「O が C だとわかる」の形で、OC は「授業が (人を) 退屈させる」という能動関係なので boring (-ing) のママで OK です。

和訳 率直に言うと、その授業はつまらない。

112 ① Comparing ➡ Compared

▶分詞構文の慣用表現

compared with 〜「〜と比べると」という熟語です。「比べる」という日本語につられて comparing としてしまうミスが多いのですが、「マオリ族が比べられる」ということからも受動関係だとわかりますね。

> immunity to 〜
> 「〜に対する免疫」は今後の長文対策として重要な語句。

和訳 白人と比べると、マオリ族はヨーロッパの病気に免疫がなかった。よって、その人数が急速に減ってしまった。

Review 「〜と比べると」はどっち？ "comparing with 〜" or "compared with 〜" ➡ 答えは106ページ

　共通テストでは文法問題（4択問題）が出ないので、文法を軽視する受験生が増えていますが、これは非常に危険です。みなさんはこの本を手にしている時点でそんなことは絶対にないわけですが、もしかしたら周りからそう言われて不安になることがあるかもしれないので、ここでハッキリ言っておきます。

文法軽視は論外です！

　英文法が長文の土台になります。そして、共通テストで特筆すべきは、なんと英文法の知識がないと解けない問題が「リスニング」で出題されるのです。どんな文法の知識が必要とされたのかを解説してみましょう。

出題例①　may の感覚

　リスニングの英文で「明日は海に泳ぎに行きたいけど雨が心配」といった内容が出たときは、The speaker may stay at home tomorrow. のような選択肢が正解になります。

　may は「50％半々」の感覚なので（27ページ）、「～するかもしれない（しないかもしれない）」という意味なのです。もし may を「～するかもしれない」という日本語訳だけで覚えた場合、「家にいるかも」→「たぶん家にいる」と解釈して、この選択肢をバツにしてしまうかもしれません。

出題例②　almost・nearly の感覚

　リスニングで、人物の身長を比較するイラストを見て答える問題で、A is almost as tall as B. という英文が出ました。もしこれを「ほとんど同じ」とだけ考えると、A と B のどちらが taller なのかがわかりませんね（そこを狙ったひっかけ問題が出ました）。almost・nearly は「ちょっと足りない」感覚が大事です（この後、「副詞」で解説）。A is almost as ～ as B. は「A は B に少しだけ足りない」ので、A is almost as tall as B. は「A は B より少しだけ背が低い」イラストを選ぶ問題でした。

　このように「きちんと英文法を理解する」ことが大切なのです。

Chapter 3

構造系

関係詞(1) 関係代名詞・関係副詞

　中学のときの「後ろに動詞がきたら主格、後ろにSVがきたら目的格」という発想は一旦すべて忘れてください。関係詞は2つの視点（マクロの視点・ミクロの視点）を持つことで攻略できます。難しいと思われている関係詞は「理論的な」単元なので、きちんと考えさえすれば確実にできるようになります。

❶ 関係詞の基本的な考え方

何が重要？

関係代名詞の変換表

先行詞　　　　　　　　　　　　　　　格	主格	目的格	所有格
人	who	whom	whose
物（人以外、動物も含む）	which	which	whose

※who・whom・which（つまりwhose以外）は、thatで代用可能。

thatが使えないケース

> ×"前置詞＋that"
>
> ×"SV, that 〜"という非制限用法（直前にコンマを置く用法）
>
> ※関係代名詞thatも元をたどれば、代名詞that「あれ」と語源が同じで、「あれ」はズバリ名詞を指す（限定力が強い）ので、「非制限用法」という限定力が弱い用法とはマッチしないんです。

関係副詞の使い分け ※赤字部分だけをチェックすれば十分です。

注意点 / 関係副詞	先行詞 （先行詞の例）	先行詞の省略	関係副詞の省略
where	「場所」関係	○	原則として×
when	「時間」関係	○	○
why	「理由」関係 （reason のみ）	◎	○
how	「様態」関係 （way のみ）	【注意】 the way か how を必ず省略	

どう考える?

「関係代名詞と関係副詞の判別」は、間違っても「先行詞が place なら where」のような解き方をしてはいけません。関係詞には2つの視点、つまり「マクロの視点（何節をつくる？）」と「ミクロの視点（後ろは完全 or 不完全？）」が大変重要です。

まず、マクロの視点として「関係詞は形容詞節をつくる」と考えてください（「形容詞の働き」なので「直前の名詞（先行詞）を修飾する」わけです）。

そしてミクロの視点として、「関係詞の後ろは完全 or 不完全？」を考えるようにしてください。関係代名詞と関係副詞の判別は、「前を見る（先行詞）」のではなく、「後ろを見る（完全 or 不完全？）」ことが大事です。関係代名詞の後ろには「不完全」、関係副詞の後ろには「完全」な形がきます。

(1)〜 名詞 ＋（　）＋ 不完全 →「関係代名詞」が入る

(2)〜 名詞 ＋（　）＋ 完全 →「関係副詞」が入る

さて、これで関係詞の問題は解けるのですが、実際には「完全・不完全」の部分がまだピンとこない人が多いと思いますので、じっくり解説していきます。

この2つのうち、「不完全」のほうを理解するほうが大事です。というのも「不完全」は「あ、ここが不完全だ！」と見つけやすいこと、そして（不完全をとる）関

係代名詞のほうが（関係副詞より）圧倒的に多く出題されるからです。

　さて、その「不完全」ですが、簡単に言えば「名詞が1つ欠けた状態（SかOが欠けた状態）」のことです。これを整理すると以下のようになります。

「不完全」のパターン

(1) S が欠ける
① 名詞 （　）V 　　　　　　　ex.（　）φ has 〜　※has の S が不足
② 名詞 （　）SV v 　　　　　ex.（　）I thought φ was 〜　※was の s が不足
(2) O が欠ける
① 名詞 （　）S 他動詞．　　ex.（　）I make φ．　※make の O が不足
② 名詞 （　）〜 前置詞．　ex.（　）I live in φ．　※in の O が不足

　そして、「主語が不足 → 主格の関係代名詞を入れる」、「目的語が不足 → 目的格の関係代名詞を入れる」と考えればOKです。

　ただ、ここで気になるのが「他動詞」でしょうが、実は一瞬で判断できるようになります。

自動詞と他動詞の瞬間判別法

自動詞 →「あっそう」で終われる動詞　　※後ろに「名詞」はこない
他動詞 →「何を？」と聞き返す動詞　　※後ろに「名詞」がくる

　動詞を見たら「何を？」とツッコミを入れてください。それが通れば他動詞、そうでなければ自動詞です。たとえばknow「知っている」と言われたら「何を？」と聞き返しますよね。だからknowは他動詞です。でもsleep「眠る」は「何を？」と聞いても意味不明なので、「あっそう」と考え、自動詞と判断します（細かい例外は195ページで）。ちなみに関係詞の問題でキーになる他動詞は断トツでvisitです。「何を？」ではありませんが、visitは「訪れる」→「どこを？」と考えて「他動詞」であることを意識しておきましょう。

+αは？

「前置詞＋関係代名詞」の後ろは「完全」がきます。

> (1) This is the house <u>which</u> he lives in.
>
> ※whichの後は「不完全（inの後ろが不足）」
>
> (2) This is the house <u>in which</u> he lives.　※in whichの後ろは「完全」

関係詞のまとめ

	関係代名詞	関係副詞	前置詞＋関係代名詞
何節をつくる？	形容詞節		
後にくる形は？	不完全	完全	完全

② whoseの考え方

何が重要？

whoseのポイント

> ① 空所の後ろに「無冠詞名詞」がきたら所有格を入れてみる。
>
> ② "先行詞 whose 名詞" では「先行詞's 名詞」という所有関係が成立。

どう考える？

　whoseは出るパターンが決まっているので、上のポイントをチェックしておけばOKです。

　また、所有格whoseとセットになりやすい名詞があります。whoseの直後にくる名詞は、先行詞に「所有される」ので、「部分」を表す名詞ばかりです。

whoseの後にきやすい名詞

> ① 家族の「部分」：father／mother／parents／brother／son
>
> ② 体の「部分」：eyes／hair／ears／nose／name

問題演習 STEP 1 | それぞれの空所に入る最も適切なものを選択肢から1つ選びなさい。

---

113 ☐☐☐ Brazil is the country （　　　） I visited last year.

① in which　　　　② that
③ to which　　　　④ where

（金城学院大学）

---

114 ☐☐☐ This is the job （　　　） he had been training for.

① what　　　　② whether
③ when　　　　④ which

（鹿児島大学）

---

115 ☐☐☐ Leslie grew up in the town （　　　） my aunt lives.

① that　　　　② what
③ which　　　　④ where

（金沢工業大学）

---

116 ☐☐☐ Ken is a student （　　　） the teachers believe is honest.

① what　　　　② who
③ whose　　　　④ whom

（桜美林大学）

---

117 ☐☐☐ This is （　　　）.

① in which I wash my face　　　② how wash my face
③ the way how I wash my face　　④ how I wash my face

（常葉学園大学）

Answer compared with ～

113 ② ▶visit は他動詞

visited の目的語がないので、「目的格の関係代名詞」が必要と考えて②を選びます。ここでは that が使われていますが、which でも、省略しても OK です。他の選択肢はすべて「後ろに完全な形がくるもの」です。

> 「場所だからwhere」という考えはNG。

和訳 ブラジルは私が去年訪れた国です。

114 ④ ▶for の目的語は?

文末の前置詞 for に目的語がないので、「目的格の関係代名詞」である④が正解です。ちなみに、訳すときは、「これは仕事だ／彼はその仕事に備えて訓練してきた」と2文に分けると理解しやすくなります。

> which を省略すると、the job he had ～ という"名詞 SV"の形になる。

和訳 この仕事は、彼がそれに備えて訓練していたものだ。

115 ④ ▶live は自動詞

空所の後の my aunt lives は完全な文なので、空所には「関係副詞」が入ります（live「住む」➡「あっそう」のパターン）。空所の前は the town という場所を表す名詞がきているので、④where で間違いないわけです。

和訳 レスリーは私の叔母が住んでいる町で育った。

116 ② ▶主語がないパターンの応用問題

空所の直後 the teachers believe {that} φ is honest では、is の主語が欠けているので「主格の関係代名詞」を選びます。ちなみに「the teachers believe は挿入なので無視する」という説明もありますが、挿入であればその前後をコンマで挟まないといけません。都合よく「挿入」と解釈しないで、あくまで「主語の不足」という発想で解いてください。

> P.104(1)②の"名詞（ ）SV v"のパターン。

和訳 ケンは先生たちが正直者だと思っている生徒だ。

117 ④ ▶関係副詞 how はどう使う?

This is how ～「これは～する方法だ」➡「このようにして～だ」という表現にします。もともと This is the way how ～「これは～する方法だ」だったものから、the way が省略された形です（the way か how のどちらかを必ず省略するというルールがあるため③はアウトです）。

> the way か how は必ず省略!

和訳 こうやって私は顔を洗います。

Review "名詞（ ）SV v"で、空所に入る関係代名詞は何格？ ➡ 答えは108ページ

それぞれの設問の指示にしたがい、
問題を解きなさい。

118
☐☐☐

日本語の意味になるように、[　　]内の語を並べ替えなさい。

トムは自分の彼女に話しかける誰に対しても嫉妬深い。

Tom is [anyone / jealous / talks / who / of] to his girlfriend.

（九州産業大学）

119
☐☐☐

[　　]内の語を並べ替えなさい。

Yesterday, I met [whose / a lady / is / husband] a singer.

（大阪経済大学）

120
☐☐☐

日本語の意味になるように、[　　]内の語を並べ替えなさい。

彼は最近、彼の育った小さな町に戻りました。

He recently [which / back / small town / the / in / to / went] he grew up.

（中京大学）

121
☐☐☐

次の文の間違っている箇所を1つ選び、正しく直しなさい。

The museum, ①that each exhibition ②promises ③some unexpected surprise, ④attracts many people.

（関西外語大学）

Answer　主格

1回目 2回目 3回目

118 Tom is [jealous of anyone who talks] to his girlfriend.

▶修飾関係を捉える

まずは「トムは嫉妬深い」から be jealous of 〜「〜に嫉妬している」の形にします。of の後ろは anyone who 〜「〜する人は誰でも」とします。「自分の彼女に話しかける」が「誰に対しても」を修飾するので、anyone の後に who talks 〜 を続ければ OK です。

119 Yesterday, I met [a lady whose husband is] a singer.

▶whose の後に必要なのは？

所有格の関係代名詞 whose の後には「部分」を表す名詞がきます。a lady whose husband までつくれば、あとは余った is を置くだけです。whose の後にくる名詞は「無冠詞名詞」なので、whose の後に a lady がくることは絶対にありません。

和訳 昨日、夫が歌手という女性に会った。

120 He recently [went back to the small town in which] he grew up.

▶前置詞＋関係代名詞

まずは「彼は戻りました」から go back to 〜「〜に戻る」の形にします。次に「彼の育った小さな町」は the small town の後に関係詞のカタマリをつなげます。「前置詞＋関係代名詞」で in which とすれば OK です。

> grow up「育つ」は自動詞、bring up「育てる」は他動詞。

121 ① that ➡ where

▶that が使えない場合は？

関係詞 that はオールマイティに使えるイメージですが、「直前に、コンマや前置詞を置く」のだけは NG です。①では that の直前にコンマがあるのでここが間違いだとわかります。each exhibition ②promises ③some unexpected surprise は「完全」な形（SVO）なので、①that を関係副詞 where に直します。関係副詞の非制限用法で、the museum の補足説明をしています。

> 関係詞 that の前に「コンマ・前置詞」は NG！

和訳 その博物館では、それぞれの展示で予想できないサプライズが約束されているので、多くの人を引き付けている。

Review 関係代名詞 that の前に「コンマ」は置ける？ or 置けない？ ➡ 答えは 114 ページ

1 動詞関連
2 準動詞
3 構造系
4 品詞系
5 文型

関係詞(2) what・複合関係詞

　関係代名詞whatは「もの・こと」と訳すことは有名ですが、その知識だけではまったく通用しないのです。whatは「名詞節をつくる・不完全」という2つの視点で解決します。また、難しいと思われているwhoeverなども、今までと視点を変えることで解決していきますよ。

1 関係代名詞whatの考え方

何が重要?

関係代名詞whatのポイント

① 「名詞節」をつくる　　※他の関係代名詞・関係副詞は「形容詞節」
② 後ろは「不完全」　　※他の関係代名詞と同じ

どう考える?

　普通の関係代名詞（who・whichなど）・関係副詞は「形容詞節」ですが、whatは「名詞節」をつくる特殊な関係代名詞なんです（「名詞節をつくる」ので、そのカタマリは名詞同様にS・O・Cになります）。また、「後ろは不完全」という点はほかの関係代名詞と同じです。

✦英語の核心

whatは「名詞節」をつくり、後ろは「不完全」になる！

+αは?

whatを使った慣用表現

① 原則どおり「名詞節」をつくるもの

☐ what I am 「現在の私」　※直訳「今現在、私があるところのもの」

☐ what I was・what I used to be 「過去の私」

② 例外的に「副詞節」と考えるもの

☐ what we call・what is called「いわゆる」

☐ what is more「さらに」

☐ what is worse「さらに悪いことに」 ※= what makes matters worse

2 複合関係詞の考え方

何が重要？

　関係詞に ever がついたものを「複合関係詞」といいます（関係代名詞＋ ever ＝「複合関係代名詞」、関係副詞＋ ever ＝「複合関係副詞」の2つがあります）。

複合関係詞（複合関係代名詞と複合関係副詞）

複合関係代名詞：	whoever ／ whomever ／ whichever ／ whatever
複合関係副詞　 ：	whenever ／ wherever ／ however

複合関係詞の訳し方

節 複合関係詞	名詞節	副詞節
whoever	たとえ誰であっても、その人	たとえ誰であっても
whomever	たとえ誰であっても、その人	たとえ誰であっても
whatever	たとえ何であっても、それ	たとえ何であっても
whichever	たとえどれであっても、それ	たとえどれであっても
whenever	———	たとえいつであっても
wherever	———	たとえどこであっても
however	———	たとえどれくらい〜であっても たとえどんな方法で〜しても

　複合関係詞は説明されることが多いのですが、もっとシンプルに「形容詞節だけはつくらない」と考えてください（つまり「名詞節・副詞節」をつくる）。また、複合関係詞は「譲歩（たとえ〜でも）」で訳すと考えればOKです。

※名詞節の場合は「たとえ〜でも、その人[物]は」と名詞化して訳せばキレイです。

複合関係詞のまとめ

	複合関係代名詞	複合関係副詞
形	副詞節／名詞節	副詞節
意味	譲歩「たとえ〜でも」	
後ろの形	不完全	完全

┌─◆英語の核心────────────────

-everがついたら形容詞節だけはつくらない！
訳すときは「譲歩」で訳す！

複合関係詞の補足

注意① 副詞節の -ever は "no matter 疑問詞" の「3語」に分解できる

ex. whoever = no matter who ／ however = no matter how

注意② 名詞節の whoever・whomever は「2語」に分解できる

whoever = anyone who ／ whomever = anyone whom

補足

　関係詞の最後に、まとめとして表で整理しておきましょう。ポイントは2つの視点、「マクロの視点（何節をつくる？）」と、「ミクロの視点（後ろは完全 or 不完全？）」です。

　ただこれだけを見ても、ピンとこないこともあるかもしれませんが、文法の勉強に限らず長文の勉強をしているときでも「これは前置詞＋関係代名詞で形容詞節をつくっているから…」なんて説明が理解できないときに、この表を参考にしてください。きっと役立つはずです。

関係詞	何節をつくる？	後ろの形
関係代名詞	形容詞節	不完全
関係副詞		完全
前置詞＋関係代名詞		完全
関係代名詞 what	名詞節	不完全
複合関係代名詞	名詞節・副詞節	不完全
複合関係副詞	副詞節	完全

---

122 □□□ It is not always possible for us to say exactly (　　　) we mean.

① what ② which
③ who ④ that

（関東学院大学）

---

123 □□□ I'm so happy! This T-shirt is exactly (　　　) I wanted.

① that ② which
③ what ④ where

（名古屋学院大学）

---

124 □□□ He is a famous scholar, and (　　　) is more, he is a talented poet.

① what ② who
③ that ④ which

（関東学院大学）

---

125 □□□ No matter how (　　　), we can't take a break until all the work is finished.

① are we tiring ② tired we are
③ tiring are we ④ we are tired

（東洋英和女学院大学）

---

126 □□□ (　　　) is often the case, John was late for the meeting.

① As ② When
③ Since ④ Why
⑤ For

（中央大学）

Answer　置けない

122 ① ▶名詞節で後ろが不完全

空所の前にある say は他動詞なので、（　　　）we mean は say の目的語
（つまり「名詞節」）になります。空所の後ろは mean の目的語が欠けた「不
完全」な形なので、「名詞節をつくる・後ろは不完全」という特徴の関係代
名詞①what が正解です。

和訳 私たちはいつも言いたいことをそのまま伝えられるとは限らない。

> not always ～ は
> 「いつも～というわけ
> ではない」という部
> 分否定（Chapter3
> UNIT6）。

123 ③ ▶補語になる what 節

2文目は SVC の形で、is の後に、（　　　）I wanted が名詞節になると考え
ます。空所の後は wanted の目的語が欠けた「不完全」な形です。「名詞節
で不完全」なので③what を選びます。接続詞の①that も名詞節をつくり
ますが、後ろは「完全」な形でないといけません。

和訳 とてもうれしい！　この T シャツ、まさに欲しかったものです。

> what の後ろは「不
> 完全」、that の後
> ろは「完全」

124 ① ▶what is more「さらに」という熟語

what は名詞節をつくりますが、熟語の場合は今回のように副詞節になる
ものもあります。ただ、そこはあまり深く考えず、「what is more は熟語」
と考えれば OK です。

和訳 彼は有名な学者で、さらに、才能ある詩人でもある。

> what is more は
> 長文問題でも狙わ
> れる。

125 ② ▶no matter how の直後は？

however は "However 形容詞・副詞 sv, SV." の形をとります。この
However を分解して No matter how としても同じで、今回はその形です。
no matter how の後に 形容詞・副詞 がくるのがポイントです。

和訳 私たちがどれほど疲れていようと、すべての仕事が終わるまで休憩をとる
　　　ことはできない。

> 「私たちは tire させ
> られる」なので
> tired（Chapter2
> UNIT5）。

126 ① ▶関係代名詞 as

As is often the case（with ～）「（～には）よくあることだが」という熟語
です。直訳は「～に関して（with ～）よくあるケースだが」です。ちなみに、
この as は疑似関係代名詞というものですが、最近の入試では、この熟語で
出ることがほとんどなので、熟語として覚えれば OK です。

和訳 よくあることだが、ジョンは会議に遅刻した。

Review　関係代名詞 what は何節をつくる？ ➡ 答えは116ページ

127
☐☐☐

日本語の意味になるように、[　　]内の語を並べ替えなさい。

最も重要なのは、君が最善を尽くすかどうかだ。

What [do / the most / whether / you / matters / is] your best or not.

（九州国際大学）

128
☐☐☐

日本語の意味になるように、[　　]内の語を並べ替えなさい。

今の彼は4年前と同じではない。

He is [different / from / he / was / what] four years ago.

（佛教大学）

129
☐☐☐

日本語の意味になるように、[　　]内の語を並べ替えなさい。

何を着ていても彼女は素敵だ。

No [she wears / matter / she / what / looks] nice.

（松山大学）

130
☐☐☐

次の英文の誤りを直しなさい。

However I speak carefully, I sometimes make mistakes.

（和光大学）

Answer　名詞節

127 What [matters the most is whether you do] your best or not.

▶「最も重要なのは」という頻出表現

「最も重要なこと」と考え、What matters the most という名詞節にします（matter は「重要だ」という動詞）。これが主語になり、その後は is を置き、さらに whether sv「s が v するかどうか」という形（名詞節）になります。

> matter は名詞「物質・問題」、動詞「重要だ」が重要。

128 He is [different from what he was] four years ago.

▶「4年前の彼」をどう表す？

be different from 〜「〜と違う」の後は、what he was「過去の彼」という表現がポイントです。what he was four years ago は直訳「4年前に彼がいたところのもの」➡「4年前の彼」です。

> 「現在の私」は what I am、「過去の私」は what I was [used to be]

129 No [matter what she wears she looks] nice.

▶ whatever = no matter what

日本文「何を着ていても」と文頭の No に注目して、No matter what 〜「たとえ何を〜しても」の形にします。No matter what she wears「たとえ彼女が何を着ていても」となります（これが副詞節をつくる）。主節は she looks nice「彼女は素敵に見える」です（look 形容詞「形容詞 のように見える」）。

130 However carefully I speak, I sometimes make mistakes.
別解：Although[Though] I speak carefully, I sometimes make mistakes.

▶ however の形がポイント

"However 形容詞・副詞 sv, SV." の形にします。However の直後に carefully を引きずり出すイメージです。ちなみに、Although[Though] sv, SV.「sv だけれども SV だ」の形で同じ内容を表すことも可能です。
和訳 私はどんなに注意深く話しても、間違ってしまうことがある。
（別解）私は注意深く話しても、間違ってしまうことがある。

> however は「わがまま副詞」として後で再登場（Chapter4 UNIT6）。

Review 複合関係詞（-ever）は何節をつくる？➡ 答えは120ページ

比較(1) 原級・比較級・比較の強調表現

「as 〜 asなんて簡単でしょ」なんて思っていると、痛い目にあいます。比較は結構細かいことが出るので、倍数表現や比較級の強調など、一見マイナーに思えることも精密にチェックしていきましょう。

❶ 原級比較 (as 〜 as ...)

何が重要?

as 〜 as ... の重要点

① as 〜 asに挟まれるのは「形容詞・副詞」のみ

② not as 〜 as ... 「…ほど〜でない」　※「同じではない」と訳さない

③ 熟語: not so much A as B 「A というよりむしろ B」

+αは?

as 〜 asを使った倍数表現が重要です。"X times as 〜 as A"「A の X 倍〜だ」となります。ちなみに「2倍」の場合はtwice as 〜 as ... となります。

❷ 比較の強調表現

何が重要?

「はるかに・ずっと」という意味になる「比較の強調表現」をしっかり整理してください。

どう考える?

形容詞や副詞の「原級（もとの形）」を強調したい場合は、veryをつければOKです。しかし比較級の場合、veryを使うことができません。こういったときの語句が問われます。

　強調を表す very と much は以下の表で簡単に整理できます。イメージとしては「very と much は仲がワルい」です。「very がやることを much はしない」、「much がやることを very はしない」ということです。

強調の "very vs. much"

	very「とても」	much「はるかに」
原級	very good	~~much good~~
比較級	~~very better~~	much better
最上級	~~very the best~~	much the best
	the very best	~~the much best~~

※ much <u>the</u> best と <u>the</u> very best は「the の位置」に注意してください。

◆英語の核心

> **very と much は仲がワルい！**

　ちなみに much 以外にも比較級・最上級を強調する単語はあります。たとえば、far、by far、even などです。でもまずは much の使い方を完璧にしてくださいね。

1 動詞関連

2 準動詞

3 構造系

4 品詞系

5 文型

131
☐☐☐

No other country in the world is as (　　) as Japan.

① clean
② cleaner
③ more clean
④ cleanest

（愛知工業大学）

132
☐☐☐

A：I'm thinking about going to Hawaii during Golden Week.
B：You should make a reservation (　　).

① quickly as possibly as you can
② quickly as possibly as
③ as possibly quickly as you can
④ as quickly as possible

（追手門学院大学）

133
☐☐☐

His house is (　　) mine.

① twice as big as
② as twice big as
③ as big as twice
④ twice big as

（東北学院大学）

134
☐☐☐

This problem is (　　) harder than we first thought.

① so
② much
③ very
④ more

（神奈川大学）

135
☐☐☐

Most people read (　　) than they can write.

① more easily
② more easier
③ more difficult
④ easy

（中部大学）

Answer　形容詞節以外（名詞節・副詞節）

1回目 ／　2回目 ／　3回目 ／

131 ① ▶as 〜 as にはさまれる形は?

as 〜 asの真ん中にくるのは「形容詞・副詞の原級（もとの形）」です。あまりに基本的すぎて焦ったかもしれませんが、大学入試でもたまに出ます。ちなみに、全体はotherを使った最上級の書き換えパターンです（Chapter3 UNIT4）。

和訳 日本ほどきれいな国はほかにない。

132 ④ ▶「できる限り〜」という熟語

as 〜 as possible「できるだけ〜」という熟語です（as 〜 as 人 can も同じ意味）。他の選択肢は正しい形になっていません。

> as soon as possible「できるだけ早く」も頻出。

和訳 A：ゴールデンウイーク中、ハワイに行こうかと思っているよ。
　　B：できる限り早く予約をとるべきだね。

133 ① ▶倍数表現

twice as 〜 as ...「…の2倍〜だ」の形です。as 〜 asは「同じ」＝「1倍」で、倍数を表すときはその直前に「○倍」を置くイメージです（数学でも、1×a＝aのときは1と書きませんが、2×aでは2aときちんと2を書きますよね）。

> 「2倍」のときはtwo timesではなくtwiceを使う。

和訳 彼の家は私の家の2倍の大きさだ。

134 ② ▶harderを修飾できるのは?

比較級を強調する②muchを選びます。強調といえばveryが有名ですが、veryは「比較級」を強調できません。

> veryとmuchは仲がワルい!

和訳 この問題は、私たちが最初に考えていたよりもはるかに難しい。

135 ① ▶thanを見て「比較級」を考える

比較級の①が正解です。②はありえない形です（比較級easierにさらにmoreがついているのは変ですね）。また、空所には動詞readを修飾する「副詞」が入るべきなので、形容詞の③は空所に入りません（形容詞は「名詞を修飾する」か「補語になる」働き）。

和訳 書くことよりも読むことの方が簡単な人がほとんどだ。

Review 比較級を強調できるのは、veryとmuchのどっち? ➡ 答えは122ページ

問題演習 STEP **2** | それぞれの設問の指示にしたがい、
問題を解きなさい。

---

136 □□□ [　]内の語を並べ替えなさい。

He is [his secretary / as busy / not / as].

（名古屋学院大学）

---

137 □□□ 日本語の意味になるように、[　]内の語を並べ替えなさい。

彼女は歌手というより作曲家です。

She's [as / singer / a / so / much / not] a composer.

（九州国際大学）

---

138 □□□ 日本語の意味になるように、[　]内の語を並べ替えなさい。

彼女は私の3倍も本を持っている。

She has [as / books / many / three / times] as I do.

（佛教大学）

---

139 □□□ [　]内の語を並べ替えなさい。

Children today are [used / than / independent / less / they] to be.

（清泉女子大学）

Answer　much

136 He is [not as busy as his secretary].

▶as 〜 asの否定
not as 〜 as ...「…ほど〜でない」の形です。間違っても「同じじゃない」なんて訳さないでください。それでは以下のAとBの大小関係が伝わりません。A is not as 〜 as B. はあくまで「AはBほど〜ではない（A＜B）」という関係です。

和訳 彼は自分の秘書ほど忙しくはない。

137 She's [not so much a singer as] a composer.

▶as 〜 asを使った熟語
not so much A as B「AというよりむしろB」という慣用表現です。基本は、not as[so] 〜 as ... の形なので、やはり「A＜B」の関係が保たれていますね。

> not so much A
> as Bは超頻出熟
> 語！

138 She has [three times as many books] as I do.

▶「3倍」から倍数表現をつくる
three times as 〜 as ...「…の3倍〜だ」の形にします。"many 名詞"や"much 名詞"の場合、「名詞までを"まとめて"はさむ」ことがポイントです。今回も three times as many books as となります。×）three times as many as books はNGです（今回は後ろの as がすでにあるので問題ないのですが）。

> as 〜 asでは
> 「名詞までまとめて
> はさむ」！

139 Children today are [less independent than they used] to be.

▶lessをどう使う？
less A than B「BよりAではない」の形にします。もともとはChildren today are less independent than they used to be {independent}. で、「以前 independent だったほど今は independent ではない」が直訳です。

> 「以前」には used
> to 〜「（過去に）
> 〜だった」が使わ
> れる。

和訳 今の子どもはかつての子どもほど自主性がない。

Review not so much A as Bの意味は？ ➡ 答えは128ページ

比較(2) 比較を使ったさまざまな表現

攻略のコツ

数十年前から日本人を苦しめている、クジラの構文(no more than ... など)は「矢印2つ」という、本書オリジナルの技を使えば一瞬で解決します。

1 ラテン比較級

何が重要?

than ではなく to を使う「ラテン比較級 (ラテン語を起源にした熟語)」があります。

ラテン比較級

☐ be superior to 〜 「〜より優れた」　　☐ be inferior to 〜 「〜より劣った」

☐ prefer A to B 「BよりAが好き」　　☐ be preferable to 〜「〜より好ましい」

☐ prior to 〜 「〜より前に」

どう考える?

ポイントは「than ではなく "to" を使う」と「単語自体に比較級の意味が含まれているため more は不要で、(×) more superior のような形にはならない」ということです。

ちなみに、ラテン語(その昔ローマ帝国の公用語だった)はとても難しい言語で、つづりが長いことにもその難しさが表れていますね。さらに普通の比較級は -er ですが、ラテン比較級は -or になるものが多いのも特徴です。

2 the がつく比較級

何が重要?

「最上級に the をつける」ことは有名ですが、一部「比較級にも the がつく」場合があります。

the ＋比較級の3パターン

> ① the 比較級 of the two「2つのうちで〜な方」
>
> ② all the 比較級 for 〜 [because 〜]「〜なので、その分だけ 比較級 だ」
>
> ③ The 比較級 sv, the 比較級 SV.「sv すればするほど、SV だ」

❸ 「クジラ構文」

何が重要？

A whale is no more a fish than a horse is.「クジラが魚じゃないのは、馬が魚じゃないのと同じだ」という英文を理解する必要があります。ただし、やみくもに英文ごと覚える必要はありません。

どう考える？

"no 比較級 than ..."を見たら、「no から、(1)比較級、(2)than ... に2つの矢印」を向けてください。これですべて理解できます。

no 比較級 than ...
　(1)　　(2)　　　(1)「逆の意味」になる　　(2)「…と同じ」と訳す

(1)no 比較級 は強い否定を表し、「まったく〜ではない（むしろその逆だ）」となります。

(2)no 〜 than ... は「…と同じくらい」です（than ...「…より」は、「差」を表しますが、no で「その差を否定（差がない）」→「同じ」となるわけです。これを有名な「クジラの文」で確認してみましょう。

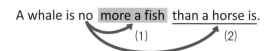

A whale is no more a fish than a horse is.
　　　　　　　　　(1)　　　　(2)

(1)no more a fish は「まったく魚じゃない（むしろ魚の逆と言えるくらい）」、(2)no 〜 than a horse is は「馬と同じくらい（魚じゃない）」です。つまり「クジラは決して魚なんかじゃない。その魚じゃない度合は馬と同じくらい（それぐら

いクジラと魚はかけ離れている）」ということです。もちろんほかの文もこれで解決します。

no 比較級 than ... を使った熟語

no more than ... 「…しか」　= only ...

no less than ... 「…も（多くの）」　= as many as ... ／ as much as ...

これも同じ発想です。たとえば、**no more than**は次のように考えればOKです。

I have no |more| than 1000 yen.
　　　　　　　　(1)　　　　(2)

(1)no more「まったく多くない」➡「すごく少ない」、(2)no 〜 than 1000 yen「1000円と同じ」です。直訳「超少ない額、1000円と同じ額、しか持っていない」➡「1000円<u>しか</u>持ってない」になりました。

❹ 最上級

何が重要？

　最上級は「書き換えパターン」が出ます。ハッキリ「一番」と言うのではなく、やや遠回しな言い方がたくさんあって、それが狙われます。

(1) other を使ったパターン

He is <u>the</u> tal<u>lest</u> boy in his class. 「彼はクラスで一番背が高い男子」

= He is tal<u>ler</u> <u>than any other</u> boy in his class.

　　「クラスのどの男子よりも背が高い」

　　※ |比較級| than any other |単数形| 「ほかのどの |単数形| より〜だ」

= <u>No other</u> boy in his class is tall<u>er than</u> he is.

　　「クラスのどの男子も彼より背が高くない」　※ No other |単数形| is |比較級|

= <u>No other</u> boy in his class is <u>as</u> tall <u>as</u> he is.

　　「クラスのどの男子も彼ほど背が高くない」　※ No other |単数形| is as 〜 as

⑵ Nothing を主語にするパターン

Time is <u>the most</u> precious thing of all.「時間はすべての中で最も大切」

= <u>Nothing</u> is <u>more</u> precious <u>than</u> time.「時間よりも大切なものはない」

※ Nothing is 比較級 than 〜

= <u>Nothing</u> is <u>as</u> precious <u>as</u> time.「時間ほど大切なものはない」

※ Nothing is as 〜 as ...

⑶「今までで一番〜」=「これほど〜なものは一度もない」

This is the most interesting book that I have <u>ever</u> read.

「この本は私が読んだ中で一番おもしろい本だ」

= I have <u>never</u> read such an interesting book as this.

「こんなにおもしろい本を読んだことがない」

1 動詞関連

2 準動詞

3 構造系

4 品詞系

5 文型

140
□□□
空所に入る最も適切なものを選択肢から1つ選びなさい。
This piano is （　　　） better of the two.

① a ② the
③ too ④ very

（関西学院大学）

141
□□□
空所に入る最も適切なものを選択肢から1つ選びなさい。
I like him all the （　　　） for his faults.

① best ② better
③ less ④ most

（武蔵大学）

142
□□□
空所に入る最も適切なものを選択肢から1つ選びなさい。
The （　　　） I get to know her, the more I like her.

① more ② most
③ less ④ least

（関東学院大学）

143
□□□
空所に入る最も適切なものを選択肢から1つ選びなさい。
Nothing is （　　　） than time.

① as precious ② more precious
③ much precious ④ precious

（駒沢女子大学）

144
□□□
日本語の意味になるように、適切なものを選択肢から選びなさい。
このレポートの始めの3ページだけでもすでに10もの間違いがあります。
Even within the first three pages of this report, there are （　　　） ten mistakes already.

① few ② lesser
③ no less than ④ more

（川崎医療大学）

Answer 「AというよりむしろB」

140 ② ▶of the two から「2つ」の比較を考える

the 比較級 of the two「2つのうちで〜な方」の形にします。「2つのうちでよりよい方」といえば「どっちを指すかわかる (共通認識できる)」のでthe をつけるわけです。「2つのときは "the 比較級 of the two" で、3つなら "the 最上級 of the three" を使う」と考えればOKです。

> theは「共通認識」に使う (Chapter4 UNIT3)。

和訳 このピアノは2つのうち、より良い方です。

141 ② ▶all the 比較級 for 〜「〜なので、その分だけ 比較級 だ」

②が正解です。all the 比較級 for 〜 の形は、直訳「その分だけ 比較級 だ (all the 比較級)。どの分だけかというと〜の理由の分だけ (for 〜)」➡「〜を理由に、その分だけますます 比較級 だ」という意味です。

> all は「強調」の役割、the は「その分だけ」という意味、for は「理由」

和訳 彼には欠点があるからなおさら好きだ。

142 ① ▶コンマ後のthe more に注目

"The 比較級 sv, the 比較級 SV." の形を考えて①を選びます。後半のthe は「その分だけ」という意味で、直訳「sv すると、その分だけ SV だ」➡「sv すればするほど、SV だ」となります。

> get to 〜「〜するようになる」(Chapter2 UNIT1)

和訳 彼女を知れば知るほど好きになる。

143 ② ▶than から「比較級」を選ぶ

Nothing is 比較級 than 〜「〜より 比較級 なものはない」の形で、実質「最上級」を表します。①を使う場合は、Nothing is as precious as time. となります。

> この文はそのまま入試に出るので、3回音読しておこう。

和訳 時間ほど貴重なものはない。

144 ③ ▶no less than 〜「〜も (多くの)」

no less than 〜 の意味を丸暗記してもいいのですが、理屈としては、no から「矢印2つ」を向けて、(1)no less「まったく少なくない」➡「すごく多い」、no 〜 than ten mistakes「10の間違い (と同じ数の)」となり、「すごく多い数、10の間違いと同じ」➡「10もの間違い」となるのです。

> no 比較級 than 〜 は「矢印2つ」で解決!

Review 「〜なので、その分だけますます 比較級 だ」を表す熟語は? ➡ 答えは130ページ

145
☐☐☐

日本語の意味になるように、[　　]内の語を並べ替えなさい。

サッカーはテレビで見るよりも、する方が好きです。

I [playing / to / on / it / soccer / prefer / watching] TV.

（名城大学）

146
☐☐☐

日本語の意味になるように、[　　]内の語を並べ替えなさい。

私の幼い娘ティナは世界中のどんな宝石よりも大切です。

My little daughter Tina [any / jewel / more / than / precious / in / is] the world.

（東京経済大学）

147
☐☐☐

空所に入る適切なものを選択肢から選び、文を完成させなさい。

My sister [＿＿＿ ＿＿＿ ＿＿＿] an athlete [＿＿＿ ＿＿＿ ＿＿＿].

① is
② I
③ no
④ than
⑤ am
⑥ more

（獨協大学）

Answer all the 比較級 for ～

1
動
詞
関
連

2
準
動
詞

145 I [prefer playing soccer to watching it on] TV.

▶ prefer の使い方は?

日本文「～よりも…の方が好き」と語群の prefer に注目して、prefer A to B「B より A が好き」の形にします。to は前置詞なので、その直後には動名詞 (watching) がきています。

3
構
造
系

146 My little daughter Tina [is more precious than any jewel in] the world.

▶ 比較級を使って「最上級」を表す

日本文「どんな～よりも大切」に注目して、比較級 than any other 単数形「ほかのどの 単数形 より～だ」の形にします。any は「どれでも」で、直訳は「ほかの (other) どれでもいいが (any) 単数形の名詞 よりも～だ」です。

> one of the 最上級 複数形「最も～な 複数形 のうちの1つ」もチェック!

4
品
詞
系

147 My sister [is no more] an athlete [than I am].

▶ no と more をどう使う?

no more A than B「B と同じで、まったく A でない」の形です。no から「矢印2つ」を向けると、(1)no more an athlete「まったく運動選手ではない(運動できない)」、(2)no ～ than I am「私と同じくらい」で、「妹はまったく運動できない。それは私と同じくらい」という意味になります。

5
文
型

和訳 ╱ 妹は私と同じように運動がまったくできない。

Review prefer A ( ) B に入る前置詞は? ➡ 答えは134ページ

5 疑問

攻略のコツ

　「疑問文」は中学レベルのものが多いので、ないがしろにされがちですが、この本では丸々ひとつのUNITを使って、しっかり対策していきます。「なんとなく」ではなく、一度じっくり解説を読み込んで、確実な知識にしておきましょう。

1 whatを使った表現

何が重要?

「どう?」と訳すwhatがよく狙われます（howとまぎらわしいため）。

「どう?」と訳すwhatを使った表現

① What do you say to -ing?「～するのはどう?」　　※動名詞の慣用表現

② What do you think of ～?「～についてどう思う?」　※think型

③ What is ⑤ like?「⑤ってどんな感じ?」

どう考える?

What is ⑤ like? の成り立ち

She is like an angel.「彼女は天使みたいだ」　　※like は前置詞

↓

what　※whatは文頭へ

↓

What is she like?「彼女ってどのような人?」　　※疑問文なので "is she" の語順に

② 付加疑問

　付加疑問文とは、**You are 〜 , <u>aren't you?</u>** のように「文末に疑問文がくっついた（付加された）もの」で、「〜ですよね？」などと確認・念押しの働きがあります。

　また、否定疑問文は **Didn't you 〜?** のような文で、どちらも高校入試レベルですが大学入試にもよく出ます。

付加疑問文の作り方

> (**1**) 文末に、疑問文の出だしの形（動詞＋主語）を加える。
>
> 　※動詞は「助動詞・be動詞・代動詞」など、主語は「代名詞」に変えて、文末には "?" をつける。
>
> (**2**) さらに「主節が肯定文 ➡ 否定」、「主節が否定文 ➡ 肯定」に変える。
>
> (**3**) 注意すべき付加疑問
>
> 　① 命令文 , will you?　「〜してくれるよね」
>
> 　② Let's 〜 , shall we?　「〜しましょうね」

1 動詞関連

2 準動詞

3 構造系

4 品詞系

5 文型

148
☐☐☐

A : (　　　) did you think of her speech?

B : I liked it. It was very inspirational.

① Which **②** When

③ What **④** Why

（麻布大学）

149
☐☐☐

I heard the new manager started today. Do you know what (　　　) like? I hope he gets along with our team.

① does he **②** he does

③ he is **④** is he

（金沢工業大学）

150
☐☐☐

"(　　　) do you play tennis?" "Twice a week."

① How much **②** How often

③ What time **④** When

（大阪学院大学）

151
☐☐☐

A : (　　　) did you get here?

B : I took an express train from Osaka.

① What **②** How

③ Who **④** Where

（麻布大学）

152
☐☐☐

A : You're looking very tired. You need to rest for a while, (　　　)?

B : Yes. Shall we stop at that roadside restaurant?

① don't you **②** are you

③ does it **④** isn't it

（麻布大学）

Answer to

---

148 ③　▶ What do you think of 〜？「〜についてどう思う？」

相手の意見を聞くときによく使われる表現です（今回は過去形 did になっているだけ）。この of は「関連」を表し、「〜について」という意味です。リスニングでも出てくるのでしっかりチェックしておきましょう。

和訳 A：彼女のスピーチについてどう思った？
　　　　B：良かったよ。とても感動的だった。

---

149 ③　▶ what と like に反応する

What is S like?「S ってどんな感じ？」を考えます。What is he like?「彼ってどんな人？」となりますが、ここでは Do you know の後に続く「間接疑問」なので、普通の語順の③が正解です。

和訳 新しい部長が今日着任したって聞いたよ。どんな人か知ってる？　うちのチームとうまくやってくれるといいけど。

---

150 ②　▶頻度を聞くときは？

How は、How ＋ 形容詞・副詞 の形で「どのくらい 形容詞・副詞 か」という意味になります。How often 〜？「どのくらいしばしば〜？」➡「どのくらいの頻度で〜？」ということです。ちなみに、2文目の a は「〜につき」という意味です（Chapter4 UNIT3）。

和訳 「どのくらいの頻度でテニスをしますか？」「週に２回です」

> 形容詞・副詞とセットの How は「程度（どのくらい）」。

---

151 ②　▶ B は「（ここに来た）方法・手段」を答えている

今回の問題では B は「交通手段」を答えているので、A は「方法」を尋ねていると考えて、②How を選びます。How long や How often などと違って、「単独で使われる How」は「方法（どのような方法で）」や「状態（どのような状態で）」を表します。

和訳 A：どうやってここまで来たの？
　　　　B：大阪から急行列車で来たよ。

> 単独の How は「方法・状態」。

---

152 ①　▶付加疑問文

空所を含む文（You need to 〜）は「肯定文」なので、付加疑問は「否定文」にします。need は一般動詞なので don't を使った①が正解です。

> 付加疑問文は日常会話やリスニングで超頻出！

和訳 A：とても疲れているように見えるね。少し休んだ方がいいんじゃない？
　　　　B：そうだね。あの道沿いにあるレストランに立ち寄るのはどう？

Review What is S like? の like の品詞は？ ➡ 答えは136ページ

153
☐☐☐

次の文の間違っている箇所を1つ選び、正しく直しなさい。

①You said you aced your exam. I don't ②know why ③are you still ④so worried about it.

（静岡大学）

154
☐☐☐

次の2つの英文がほぼ同じ意味になるように、空所に適切な1語を入れなさい。

a. Why aren't you taking me to the ballpark?
b. (　　　　) come you aren't taking me to the ballpark?

（中京大学）

155
☐☐☐

空所に最も適切な1語を入れなさい。

たばこを吸ってもいいですか。

Would you (　　　　) if I smoked?

（名古屋大学）

Answer　前置詞

153 ③ are you ➡ you are

▶間接疑問の語順は?

2文目は I don't know 疑問詞 〜 の形です。間接疑問文は「普通の語順
(SV)」になるので、③are you を you are に直します。間接疑問文では（普
通の疑問文で起きる）倒置は起きないわけです。

ちなみに動詞 ace は「〜をうまくやる」という意味です（無理に覚える必
要はありません）。

> **間接疑問文は「語順」が狙われる!**

和訳 試験で良い点をとったと言ってたじゃないか。なんでまだそんなに試験の
ことを心配しているのかわからないよ。

154 How

▶why 以外の「なぜ?」

How come SV?「どうしてSはVするの?」という表現です。How come
の後は普通の語順（SVという語順）になる点もチェックしておきましょう。
本来は How did it come that SV?「どのように that 〜 のことがやってき
たの?」（it は仮主語、that 〜 が真主語）➡「どうして SV なの?」で、そ
こから that 以下の SV が残ったからなんです。

> **How come だけ
> でなく、SVの語順
> までチェック!**

和訳 どうして私を野球場に連れて行ってくれないの?

155 mind

▶mind を使った許可表現

mind は本来「嫌がる」で、Would you mind if 〜? は直訳「もし〜したら、
それは嫌ですか?」➡「（嫌じゃなければ）〜してもいいですか?」という
表現になります。Would は助動詞の過去形（仮定法の目印）で、その影響
から if 節中では過去形 smoked が使われています。

Review How come の後ろの語順は? ➡ 答えは140ページ

否定

　正面から向き合うことが少ないので、苦手な人が多い単元ですが、否定も今まで同様、（丸暗記ではなく）理屈から考えていけば簡単に理解できます。

1 二重否定／全体否定・部分否定

何が重要?

二重否定

> ① never fail to 〜「必ず〜する」　※直訳「〜しないことは決してない」
>
> ② never[cannot] 〜 without -ing「〜すると必ず…する」
>
> 　　　　　　　　　　　　　　　　※直訳　「…することなく〜しない」

全体否定と部分否定

> ① not ＋ 部分 ＝全体否定　　※ 部分 とは either ／ any ／ ever
>
> ② not ＋ 全体 ＝部分否定　　※訳し方「全部が全部〜というわけじゃない」

どう考える?

　二重否定は直訳すれば簡単に理解できます。

　全体否定は簡単ですが、not 〜 either「どちらも〜ない」には注意してください。×）「どっちかだけ違う」と訳すミスが多いので、"not 〜 either = neither"と英語で覚えるのがラクです。

　部分否定は"not ＋ 全体 ＝部分否定"と覚えましょう。notの後ろに「全部」というパワフルな単語がくると、notでは打ち消し切れず、そこに残骸が残るイメージです。「全部が全部〜というわけじゃない」と言い訳っぽく訳します。

全部 を表す語

all「すべての」／both「両方の」／every「すべての」

always「いつも」／necessarily「必ず」

2 not を使わない「否定表現」

何が重要?

not を使わない「否定表現」

① the last 名詞 to ～	「最も～しそうにない名詞だ」
② anything but ～／far from ～	「決して～ではない」
③ free from ～	「～がない」
④ remain to be p.p.	「まだ～されていない」

どう考える?

　否定の not を使うと「キツイ」印象を与えるため、遠回しな言い方があるわけですが、すべて直訳で解決します。

　たとえば①the last 名詞 to ～ は「～しそうなランキングでラストにくる」→「最も～しそうにない」です。last に「not の訳し方が含まれている」と誤解している受験生が多いのですが、そうではないのです。

　②anything but ～ は「～以外（but）、何でもあり（anything）」です（この but は接続詞ではなく、前置詞「～以外」）。また far from ～ は直訳「～からほど遠い」→「決して～ではない」です。

　③free は本来「ない」という意味です（「束縛がない」→「自由な」となったり、カフェで見かける smoke-free「煙がない」→「禁煙の」でおなじみです）。

　④remain to be p.p. は直訳「これから（to）～される（be p.p.）まま残っている（remain）」→「まだ～されていない」です。長文でよく見かける表現です。

156
☐☐☐

"Do you mind if I sit here?" "No, not at (　　　)."

① anything   ② all
③ once   ④ sitting

（東北学院大学）

157
☐☐☐

I can't find my keys (　　　). Have you seen them, Reggie?

① nowhere   ② anywhere
③ somewhere   ④ everywhere

（南山大学）

158
☐☐☐

I (　　　) watch television nowadays, but instead spend a lot of time looking at the Internet.

① always   ② seldom
③ nearly   ④ mostly

（名城大学）

159
☐☐☐

If my sister doesn't go to the movie, I won't (　　　).

① either   ② neither
③ also   ④ too

（東京電機大学）

160
☐☐☐

The performance was far (　　　) being perfect.

① of   ② on
③ to   ④ from

（大阪経済大学）

Answer 普通の語順（SV という語順）

156 ② ▶否定を強調する語句

not と at all をセットで使って「まったく〜でない」と否定を強調できます。今回は Do you mind if 〜?「もし〜したら、それは嫌ですか？」➡「嫌じゃなければ〜してもいいですか？」に対して、「まったく嫌じゃない（OK）」と答えているわけです。

> Do you mind if 〜? は「許可」を求める表現。

和訳「ここに座ってもいいですか？」「ええ、構いませんよ」

157 ② ▶ not any = no

can't に注目して、not 〜 anywhere「どこにも〜ない」とします。"not 〜 any = no" を中学で習うのですが、今回のように「not と any がついた長い単語」のセットでもよく出ます。④everywhere だと "not ＋ 全部" ＝部分否定で、「すべての場所で見つからないわけではない」と意味不明になってしまいます。

> （○）not 〜 any の語順が正しく、（×）any 〜 not は NG。

和訳 鍵がどこにもないんだ。レジー、僕の鍵を見なかった？

158 ② ▶「否定」の単語は？

but 以下「代わりにネットを見る」から、前半は否定の「テレビを見ない」になると考えます。選択肢で否定を表すのは②seldom「めったに〜ない」だけです。ほかの選択肢は、①always「いつも」、③nearly「ほとんど」、④mostly「たいていの場合は・大部分」です。

> seldom = rarely ≒ hardly ever ≒ scarcely ever 「めったに〜ない」

和訳 最近、私はめったにテレビを見ないが、その代わりにインターネットを見るのに多くの時間を費やしている。

159 ① ▶「…も（しない）」を表すには？

「妹も私も行かない」の意味にするために、①either を選びます。否定文を受けて、「〜も（しない）」というときは、either を使います。ちなみに肯定文で「…も」というときは④too を使います（③also は文末では使わない）。

和訳 もし妹が映画に行かないのなら私も行きません。

160 ④ ▶ far とセットで否定を表すには？

far from 〜「決して〜ない」という熟語です。直訳「〜からほど遠い」➡「決して〜ではない」という意味になりました。

和訳 その演技は完璧とは程遠かった。

Review 正しい語順はどっち？ "not 〜 any" or "any 〜 not" ➡ 答えは 142 ページ

161

☐☐☐

すべての説明が事実に基づいているというわけではない。

[facts / every / on / based / not / is / explanation].

（高知大学）

162

☐☐☐

ビルは彼女に会うと必ず自分の夢を語る。

Bill never meets his girlfriend [dream / his / of / talking / without].

（大阪電気通信大学）

163

☐☐☐

鈴木さんは決して約束を破るような人ではない。

Mr. Suzuki is [who / the / break / would / person / last] a promise.

（中京大学）

Answer not 〜 any

161 Not every explanation is based on facts.

▶「すべてが〜というわけではない」は部分否定

部分否定＝ "not ＋ 全部" の形なので、Not every explanation「すべての説明が〜というわけではない」とします。動詞は be based on 〜「〜に基づいている」という熟語です。

> everyの直後には「単数名詞」もチェック（Chapter4 UNIT5）。

162 Bill never meets his girlfriend [without talking of his dream].

▶「会うと必ず」をneverで表現する

never 〜 without -ing「〜すると必ず…する」の形にします。withoutの後ろは talk of 〜「〜について話す」です。「思う・言う」系統の動詞では、後ろの of は「〜について」という意味になります（例：think of 〜「〜と思う」／dream of 〜「〜と夢見る」／complain of 〜「〜について不満を言う」）。

> 整序問題で「いつも」「必ず」を見たら二重否定を考える！

163 Mr. Suzuki is [the last person who would break] a promise.

▶「決して〜ではない」とlastに注目

the last 名詞 who 〜「最も〜しそうにない 名詞 だ」とします。the last person who would break a promise で、「約束を破るランキングでラストの人」➡「一番約束を破りそうにない人」ということです。

> lastは「○○ランキングでラスト」→「〜しない」と考える！

Review 部分否定を表す形は？ ➡ 答えは146ページ

倒置・強調構文・語順

　倒置や強調構文は、文法の問題集では「その他」扱いされてしまうのですが、文法でも長文でも超重要事項です。難しいように見えて、パターンは決まっているので、「なぜそうなるのか？」をしっかり理解するようにしてください。

1 文頭に否定語がくることによる倒置（強制倒置）

何が重要？

「文頭に否定語がきたら、主節の SV が倒置する（疑問文の語順になる）」というルールがあります。否定語は Not・Never・Little 以外にも、Hardly ／ Scarcely「ほとんど〜ない」、Rarely ／ Seldom「めったに〜ない」にも反応できるようにしておきましょう。

2 So ／ Neither ／ Nor に続く語順

何が重要？

「〜もそうだ」と、新たな情報を付け加えるときには、以下の 2 つがあります。

S もそうだ

① （肯定文の後ろで）So VS.「S もそうだ」

② （否定文の後ろで）Neither VS. ／ Nor VS.「S もそうだ（＝そうじゃない）」

　これは「新情報」を追加する働きがあります。「新情報」は基本的に後ろにくるので、「S も」という新たな情報を後ろに持っていく感覚です。

3 強調構文

何が重要？

　It is 〜 that ... の形で、It is と that に挟まれたものが強調されます。

強調構文の重要な形

① It is not A but B that 〜 .「〜なのは A ではなくて B なんだ」

　※It is not A that 〜 , but B. といった形になることもよくある。

② It is 副詞 that ... の形　※副詞は「副詞のカタマリ（句・節)」でも OK。

　※It was not until 〜 that ...「〜してはじめて…した」は頻出構文。

③ 疑問詞 is it that 〜 ? ➡ 疑問詞を強調する強調構文

　※It is 疑問詞 that 〜 の形から、疑問詞が文頭に出て疑問文の語順になっただけです。

4 代名詞を挟むパターン

何が重要?

「" 動詞＋副詞 " でつくられた熟語は、目的語が代名詞のときは必ずその代名詞を挟む」というルールがあります。たとえば、pick up の目的語が代名詞（you）のときは、pick you up になります。×）pick up you は NG です。

どう考える?

　このルールはあくまで副詞が使われるときだけです。

" 動詞＋前置詞 " では、×）depend you on のような形をとれないので、当然 depend on you になります。「副詞か前置詞か？」の判別は残念ながら覚えるしかありませんが、入試で出るものは限られているので、まずは以下のものをチェックしておきましょう。

" 動詞＋副詞 " の熟語

□ put 〜 on「〜を着る」　□ take 〜 off「〜を脱ぐ」　□ pick 人 up「人を車で迎えに行く」　□ figure 〜 out・make 〜 out「〜を理解する」　□ see 人 off「人を見送る」　□ call 〜 off「〜を中止する」　□ put 〜 off「〜を延期する」

164
☐☐☐
Never (　　　) heard such a beautiful voice in his life until then!

① had he
③ he had

② has he
④ he has

（神奈川大学）

165
☐☐☐
Rarely (　　　) a headache, but I've had a bad one for a few days.

① do I get
③ I get

② have I get
④ I have got

（松山大学）

166
☐☐☐
Susan likes chocolate and so (　　　) Hiroshi.

① do
③ is

② does
④ likes

（青山学院大学）

167
☐☐☐
When we were children, my sister usually didn't play outside and
(　　　).

① I did neither
③ neither did I

② I neither did
④ neither I did

（駒沢女子大学）

168
☐☐☐
Not until the 1950s (　　　) growth of modern industry in Japan.

① any significant was
③ was of any significance

② there were any significant
④ was there any significant

（青山学院大学）

Answer "not + 全部"

164 ① ▶文頭に否定語 Never がある

文頭 Never の後ろは倒置になります。過去の一点を示す表現（until then 「その時まで」）があるので、過去完了形の①had he が正解です。「過去の一点まで一度も～なかった」を表します（②has he は倒置の点では OK ですが、現在完了形は「現在までの矢印のイメージ」なので until then と合わない）。

和訳 その時まで彼は人生でそんな美しい声を聞いたことがなかった。

165 ① ▶Rarely の意味は?

文頭に否定語 Rarely「めったに～ない」があるので、後ろは倒置になります。倒置は「疑問文の語順」なので、①do I get を選びます。②have I get は have ＋原形というありえない形です。

> 準否定語の Hardly / Scarcely や Rarely / Seldom にも反応する!

和訳 私はめったに頭痛にならないが、2、3日ひどい頭痛が続いている。

166 ② ▶「～もそうだ」を表すには?

空所の直前にある so に注目して、"So VS." 「S もそうだ」の形にします。前半は likes という一般動詞の文なので、is ではなく②does を使います。

> "So VS." の形は、V にも気をつけよう。

和訳 スーザンはチョコレートが好きで、ヒロシも同じだ。

167 ③ ▶否定文の「～もそうだ」

全体は When sv, SV. 「sv するとき SV だ」の形です。主節の前半は否定文（didn't play）なので、"Neither VS." 「S もそうだ」の形にします。「妹も私も外で遊ばなかった」ということです。

和訳 子どもの頃、妹は普段外で遊ばなかったし、私もそうだった。

168 ④ ▶文頭の Not を見たら倒置だけど…

文頭の否定語 Not から倒置を予想しますが、この文のように副詞句（until the 1950s）が割り込むことがよくあります。空所には倒置の④を選べば OK です（There is 構文の倒置）。全体の直訳は「1950 年代になるまでずっと、日本で近代産業の大きな発展はまったくなかった」です。

> "否定語 (M) VS." の形に注意!

和訳 日本は 1950 年代になってようやく、近代産業が大きく発展した。

Review 「～もそうだ」は肯定文・否定文それぞれでどう表す?（全部で 3 つ）➡ 答えは 148 ページ

それぞれの設問の指示にしたがい、
問題を解きなさい。

169
□□□
日本語の意味になるように、[　]内の語を並べ替えなさい。

大切なのは言葉ではなく行動だ。

It is [counts / do / that / what / you], not what you say.

(玉川大学)

170
□□□
日本語の意味になるように、選択肢を並べ替えなさい。

家に着いてはじめて、私は財布をなくしてしまったことに気づいた。

It (　　　) (　　　) (　　　) I got home (　　　) I realized I had lost my wallet.

① until ② was
③ that ④ not

(駒澤大学)

171
□□□
日本語の意味になるように、[　]内の語を並べ替えなさい。

君の決心を変えさせたのは何だったの。

What [to / you / change / it / was / that caused] your mind?

(青山学院大学)

172
□□□
日本語の意味になるように、[　]内の語を並べ替えなさい。

何時にお迎えに行きましょうか。

What time shall [you / up / pick / I]?

(駒澤大学)

Answer　肯定文：So VS. ／否定文：Neither VS.・Nor VS.

169 It is [what you do that counts], not what you say.

▶強調構文が使われる「本当の形」

日本文「大切なのは〜ではなく…だ」から、"It is not A but B that 〜." や、"It is B that 〜, not A." 「〜なのはAでなくてBなんだ」という、強調構文の基本形を考えます。問題では後半にnotがあるので、It is what you do that counts「大切なのは行動だ」とします（このcountは動詞「大切だ」）。

> what you do は「行うこと」→「行動」、what you say は「言うこと」→「言葉」

170 It [was not until] I got home [that] I realized I had lost my wallet.

▶「〜してはじめて」を表すには？

It was not until 〜 that ...「〜してはじめて…した」という構文です。直訳「家に着くまで気づかなかった」➡「家に着いてはじめて気づいた」となります。not until 〜 を It was と that で挟んだ強調構文です。

> 今回の英文は強調構文で、もしNot until で始まったら倒置が起きる（168番）。

171 What [was it that caused you to change] your mind?

▶疑問詞の強調構文

語群のit と that に注目して、"疑問詞 is it that 〜?" の形にします。過去形でWhat was it that 〜「〜したのは一体何だったの？」とした後は、cause 人 to 〜「人に〜させる」の形を続けます。「君の決心を変える」はchange your mind です。

172 What time shall [I pick you up]?

▶pick up の注意点は？

pick up「車で迎えに行く」は "動詞＋副詞" の熟語なので、目的語が代名詞ならば間に挟むのがポイントで、pick you up となります。間違っても、×）pick up you は NG です。

> pick upは本来「拾い上げる」→「人を車に拾い上げる」ということ。

「さらなるインプットをしたい」なら…

この本は「演習用の問題集」です。ここまでしっかりやってこられたならば、確実に基礎はできたはずです（復習だけはしっかりとやってください）。もし「もっと理論を知りたい（インプットが必要）」と思う場合は、『真・英文法大全』のような英文法書にトライしてみてください。ちなみにこの本はかなり厚いのですが、方針は本書と同じなので、この本で基礎を作り上げたみなさんは、芯になるところはすでに理解できており、かなりスムーズに進むはずです。

「今後の勉強で疑問点を調べる文法書がほしい」もしくは「難関大を狙っている」とか「大学受験の後も英語を武器にしていきたい」と思う方はぜひ読んでみてください。

「もっと文法の演習をしたい」なら…

☐ 高1・高2の場合
☑ 本書の復習に自信がない → 『英文法ポラリス1』で標準レベルを完璧に
☑ 本書の復習に自信がある → 『英文法ポラリス2』で難関大レベルへ

レベル1は「日東駒専レベル」、レベル2は「MARCH・国公立レベル」です。いきなりレベル3の「早慶上智以上のレベル」はかなり大変なので、まずは1か2から選んでください。

☐ 高3・受験生の場合
『英文法ファイナル演習ポラリス』という黒いカバーの本がオススメです。これは単元別ではなく、ランダム演習となります。

※長文に取り組みたい場合は192ページ参照

Chapter 4

品 詞 系

UNIT 1 前置詞

攻略のコツ

　ご存知のように、前置詞は単純に見えて、実にたくさんの意味を持ちます。しかしどれもが、本来の核となる意味から少しずつ派生したものなのです。前置詞はまず核となる意味を押さえ（たとえばonは「接触」、byは「近接」）、そこから派生していく意味をチェックするのが、一番効率的で確実です。

● 基本前置詞の核心と注意点

何が重要?

　まずは各前置詞の核心をしっかり理解してください。その核心自体が問われることもありますし、さまざまな意味や熟語の丸暗記がなくなるからです。

　たくさんある前置詞の意味をすべて網羅することはできませんし、膨大な時間がかかるので、「核心を理解すること」と「重要な問題を解けるようになること」を最優先していきます。本書に載せた問題は「核心そのものを問うもの」か「核心から少し離れてはいるが、入試超頻出のもの」です。

どう考える?

(1) at　核心：一点「～という一点で・一点めがけて」

　atは「一点」をピンポイントで指すイメージです。場所の一点はat the station「駅という一点で」、時間の一点はat nine「9時という一点で」です。また、「ある一点をめがける」イメージもあり、look at ～「～という一点に目を向ける」でおなじみです。

(2) by　核心：近接「～の近くに」

　「～によって」という意味ばかりが有名ですが、by本来の意味は「近接（～の近くに）」です。まずは「近くに」から考える習慣をつけておきましょう。

　たとえばstand byは熟語帳に「待機する・傍観する・味方する」などの意味が載っていますが、本来は直訳「～の近くに立つ」で、「舞台の近くに立つ」→「待機する（スタンバイする）・傍観する」、「（精神的に）近くに立つ」→「味方する」と

なります。

　さらにこれが派生して、「〜までには」の意味が入試超頻出です。「近くに」→「締め切りの近くに」→「どんなに近づいてもOKだけどその締め切りは過ぎちゃダメ」→「〜までには」と考えてください。by Fridayなら「金曜までには」です。

⑶ for　核心：方向性「〜に向かって」

　forといえば「〜のために」が最初に浮かんでしまいがちですが、本来は「〜に向かって」であり、「気持ちが〜に向かって」→「〜のために」と変化しただけなのです。方向性のforは電車で使われていて、「新宿行き」の電車にはFor Shinjukuと表示されています。

　forが「気持ちの方向性」に使われると、「気持ちが〜に向かって」→「〜に賛成して」となります。

⑷ from　核心：出発点「〜から」

　「(出発点から)離れて」→「分離」→「頭の中で分離している」→「区別」と派生します。「区別」はdiffer from 〜「〜と異なる」などで使われています。

⑸ in　核心：包囲「〜の中に」

　inの核心はおなじみの「中」ですが、これとは似ても似つかぬ「経過(〜したら・〜後)」という意味のinだけには注意してください。この「経過」だけは「点を意識する」必要があります。in an hourなら「1時間後」という意味で、ピンポイントで「1時間後という点」を指します。以下のように「agoの反対」と考えてもいいでしょう。

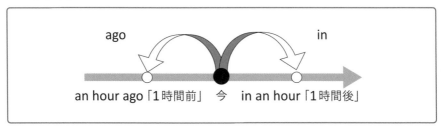

⑹ of　核心：分離「〜から離れて」・結合「〜を元にして」・所有「〜のうちの」

　ofは「所有(〜の)」の意味で浸透していますが、本来は「分離」の意味で、そこから長い年月をかけて、分離していたものが「結合」、最後に「所有」する関係に

なったのです。ofを理解するには「分離」と正反対の「所有」になる流れを押さえないといけないので、ofのみ、核心が3つもあることになります。

　まず本来の「分離」の意味は熟語に残っています。逆に言えば、熟語で「なんでofなの？」と思ったら、まずは「分離」の意味から考えてみると解決することもよくあります。be independent of ～「～から自立している」や、be free of ～「～がない」などに使われています。

　「結合」は「つながった感じ」で、be made of 材料「～からつくられている」など、元の素材と微妙につながっている感じ（見た目で材料がわかる）」ときに使われることが多いです。

　「所有」は一番有名な意味で、one of them「彼らのうちの1人」などです。
　さらに「頭の中で所有」→「～について（考える・言う）」となります（143ページ）。
　これに関して入試頻出事項が、「抽象名詞の性質を持った」という意味で、"of＋抽象名詞＝形容詞"という公式でチェックしておきましょう。

"of＋抽象名詞＝形容詞"の重要表現

☐ of use（＝ useful）「役に立つ」

☐ of help（＝ helpful）「役に立つ」

☐ of importance（＝ important）「重要な」

☐ of value（＝ valuable）「価値がある」

☐ of interest（＝ interesting）「興味深い」

(7) on　　核心：接触「～にくっついて」

　上下左右どこであっても「くっついているときにonを使う」わけですが、そのくっつき方が度を増すと、依存「～に頼って」となり、depend on ～「～に頼る・～次第だ」（163ページ）でも使われます。
　さらにA on Bで、Aが強いもの・重いものである場合、Bにプレッシャー・影響を与えるようになり、「影響」の意味が生まれます。have an influence [effect・impact] on ～「～に影響を与える」は超重要熟語です。

⑻ to　核心：方向・到達「～に向かって行き着く」

　to は「矢印の方向に向かって（方向）、きっちり行き着く（到達）」という意味が核心になります。

　さらに「到達」した結果、その反動で「対立」する感覚から「～に対して」という「対比」の意味も生まれ、face to face「顔に対して顔」→「面と向かって」という熟語で使われています。また、「ラテン比較」での be superior to ～「～より優れている」も対比の to です（Chapter3 UNIT4）。

⑼ with　核心：付帯「一緒に・～を持って」

　with は本来「相手（～を相手に）」という、たとえるなら "vs." のような意味でした。A with B なら「ライバル関係（A vs. B）」を示しましたが、「A と B がワンセット」で扱われるうちに、やがては「一緒に（付帯）」という意味が圧倒的に優勢になったようです。現代英語においてはやはり「付帯」がメインなので、これを核心イメージとして考えましょう。

　さらに、「対立」の with がマイルドになって「関連（～について）」の意味も重要です。be pleased[satisfied] with ～「～について満足している」（52ページ）、have nothing to do with ～「～と関係がない」（67ページ）、be through with ～「～を終える」などの熟語で使われています。

173

X：How old were you when you left school?

Y：I left school (　　　) the age of sixteen.

① in
② to
③ until
④ at

（北海学園大学）

174

Are you (　　　) or against her plan?

① on
② to
③ for
④ around

（名城大学）

175

He has been absent (　　　) school for a week.

① at
② for
③ from
④ in

（大阪学院大学）

176

最近の気候は、農業生産に悪影響を及ぼすことになるだろう。

The recent weather will have a bad effect (　　　) agricultural production.

① to
② for
③ into
④ on

（中央大学）

177

Paul threw the ball (　　　) his teammate.

① in
② until
③ to
④ between

（東海大学）

Answer　It was not until ～ that …

173 ④ ▶「16歳のとき」を一点と考える

at the age of ～「～歳で・～歳の時に」という表現です。at は「時間の一点」を表し、「16歳という年齢を一点と考える」イメージです。

和訳 X：何歳の時に学校を卒業［中退］しましたか？
　　　Y：16歳の時に卒業［中退］しました。

174 ③ ▶ or against に注目

for の核心は「方向性」で、「気持ちが～に向かって」➡「～に賛成して」となりました。今回の for or against ～「～に賛成、それとも反対」はよく使われる表現です。

> for or against は
> リスニングでも大
> 事！

和訳 彼女の計画に賛成ですか、それとも反対ですか？

175 ③ ▶ be absent from ～「～を欠席している」

from の核心は「出発点」で、「（出発点から）離れて」➡「分離している」となります。「欠席している（be absent）」とは「その場から離れている」ということなので、from と相性が良いのです。

和訳 彼は1週間学校を休んでいる。

176 ④ ▶ have an effect on ～「～に影響を与える」

on が単に「接触」するだけでなく、プレッシャー・影響を与えるイメージで使われている熟語です。長文でも非常に重要です。

> effect 以外に
> influence や
> impact でも OK！

177 ③ ▶「チームメイト」の方向を表す前置詞は？

投げたボールの「方向」を表す、③の to を選べば意味が通ります。to は「方向・到達」なので、ボールがしっかりと相手に行き着くことも含意するのが普通です。

和訳 ボールはチームメイトにボールを投げた。

Review　have an effect（　）～「～に影響を与える」で使う前置詞は？ ➡ 答えは158ページ

178
☐☐☐

次の文の間違っている箇所を1つ選び、正しく直しなさい。ただし、間違っている箇所がない場合は、NO ERRORを選ぶこと。

Our social studies teacher told us we ①<u>must</u> ②<u>hand in</u> ③<u>our assignments</u> ④<u>until 5:00 p.m.</u> on Friday. NO ERROR

（早稲田大学）

179
☐☐☐

日本語の意味になるように、[　　]内の語を並べ替えなさい。

10分後に会議は始まる予定です。

The meeting [in / begin / scheduled / to / ten / is] minutes.

（中央大学）

180
☐☐☐

以下の日本文の意味になるように、次の英文の（　　　）内に適切な語（1語）を入れなさい。

この本は君に大変役立つだろう。

This book will be （　　　） great use to you.

（鹿児島大学）

181
☐☐☐

日本語の意味になるように、[　　]内の語を並べ替えなさい。

このカメラは調子がおかしい。

[something / this / there / with / wrong / is] camera.

（九州国際大学）

---

178 ④ until ➡ by

▶「〜まで」の区別

全体は tell 人 {that} 〜「人に〜と言う」の形です。that 節中は「午後5時までには提出する」という「期限」を表すので、④until を by に直します。「〜まで」という訳語で覚えると混同するので、by は「〜までには」、till・until は「〜までずっと」と押さえましょう。ちなみに、②hand in は「提出箱の中に（in）手で入れる（hand）」➡「提出する」という重要熟語です。

> by は「期限」、till・until は「継続」

和訳 社会科の先生は、金曜の午後5時までに課題を提出しなければならないと私たちに言った。

179 The meeting [is scheduled to begin in ten] minutes.

▶「〜後」をどう表す?

日本文「始まる予定」は be scheduled to 〜「〜する予定」という熟語にします。「10分後に」は in ten minutes です。今を基準として「〜後・〜したら」を表すときには in を使います。

> in no time は「0秒後に」→「今すぐに」という重要熟語。

180 of

▶「役立つ」と use に注目

be of great use「とても役に立つ」という表現にします。of は「所有」➡「抽象名詞の性質を所有した」という意味で、"of ＋抽象名詞＝形容詞" となります。be of use は「役に立つ」（＝ useful）で、今回はその間に great が入った形です。ちなみに、もし of no use なら「役に立たない」となります。

181 [There is something wrong with this] camera.

▶「調子がおかしい」ときの決まり文句

There is something wrong with 〜 で、直訳「〜について（with）何かおかしいところ（something wrong）がある」➡「〜は調子がおかしい」です。この with は「関連（〜について）」の用法です。

> There is something wrong with 〜 は日常会話でも役立つ!

Review by と till の違いは? ➡ 答えは162ページ

UNIT 2 接続詞

攻略のコツ

　地味に思える接続詞は、文法でも長文でも大活躍します。特に「従属接続詞の形」を意識することが大切です。

1 従属接続詞 (副詞節をつくる接続詞)

何が重要?

　接続詞には「等位接続詞 (and・but・or など)」と「従属接続詞 (when・if などたくさん)」の2種類があります。

　and などの等位接続詞は、中学レベルの慣用表現 (either A or B「A か B どちらか」など) がよく出るので、実際に問題の解説で触れていきます。

　ここでチェックしておきたいのは従属接続詞です。従属接続詞はまず「形」を意識することが大切です。たとえば、while に関しては単に「〜の間に」と考えがちですが、「While sv, SV. の形になる」ということが最重要なんです。

どう考える?

従属接続詞がとる形　※従属接続詞のカタマリは副詞節をつくります。

(1) (接続詞 sv), SV.　※副詞節が前にある	
(2) SV (接続詞 sv).　※副詞節が後ろにある　　☆どちらも意味は同じ	

従属接続詞一覧　※すべて上の形をとることを意識してください。

時

when「〜するとき」、while「〜する間・〜する一方で」(この機会に「一方で」という重要な意味も覚えておこう)、before「〜する前に」、after「〜する後に」、till・until「〜までずっと」、since「〜から今まで」、as soon as「〜するとすぐに」、by the time「〜するまでには」

> **条件**
>
> if「もし〜なら」、unless「〜しない限り」
>
> ---
>
> **その他**
>
> because「〜だから」、since・as「〜だから」
>
> though・although「〜だけれども」、even if「たとえ〜でも」、even though「たとえ〜でも」、whether「〜してもしなくても」
>
> as「〜のように」、as if・as though「まるで〜のように」

② 名詞節をつくる接続詞

何が重要？

従属接続詞はすべて「副詞節」をつくりますが、that・if・whetherの3つだけは「名詞節」もつくります（もちろん副詞節もつくります）。

どう考える？

that・if・whetherの3つは「名詞節」をつくるので、文の中でS・O・Cのカタマリをつくります。thatが名詞節をつくるのは有名ですが（例：I think that he is rich.）、if・whetherも名詞節をつくります。

if／whether

接続詞　＼　何節？	副詞節	名詞節
if	もし〜なら／たとえ〜でも	～かどうか
whether	～であろうとなかろうと	

それぞれの設問の指示にしたがい、
問題を解きなさい。

---

182 空所に入る最も適切なものを選択肢から１つ選びなさい。
□□□
Hurry up, (　　　) you'll be late for school.

① but　　　　　　　　② or
③ and　　　　　　　　④ so

（関東学院大学）

---

183 空所に入る最も適切なものを選択肢から１つ選びなさい。
□□□
Taking a shower was my biggest problem (　　　) I was living in Australia.

① after　　　　　　　② during
③ therefore　　　　　④ while

（大阪経済大学）

---

184 空所に入れるのに不適切なものを選びなさい。
□□□
(　　　) a farmer, he never gets up at dawn.

① Although he is　　　② Despite he is
③ Even though he is　④ In spite of his being

（早稲田大学）

---

185 空所に入る最も適切なものを選択肢から１つ選びなさい。
□□□
(　　　) I find my car keys soon, I'm going to be late for work.

① If　　　　　　　　② Even
③ Unless　　　　　　④ Despite

（芝浦工業大学）

---

186 空所に入る最も適切なものを選択肢から１つ選びなさい。
□□□
(　　　) you will succeed depends on how hard you work.

① Whether or not　　② Even if
③ Though　　　　　　④ In case

（福岡大学）

Answer　by：期限（～までには）／till：継続（～までずっと）

182 ② ▶命令文とセットになる接続詞は?

空所の後ろに「マイナス内容」がきているので、命令文, or ～「…しなさい。さもないと～」とします。orは本来「それとも」という意味なので、"急ぐ"か"遅刻"かのどっちか」と2択をせまる感じです。

> 命令文, and ～ は「…しなさい。そうすれば～」

和訳／急ぎなさい、じゃないと学校に遅刻するよ。

183 ④ ▶duringとwhileの違いは?

全体はSV（ ）sv. の形なので、空所には「接続詞」が入ると考えます。接続詞として使えるのは①と④で、文意に合う④while「～する間」を選べばOKです。②during は「前置詞」なので後ろには（文ではなく）名詞がきます。③therefore「それゆえ」は副詞です。

> after は「前置詞」と「接続詞」の両方がある!

和訳／シャワーを浴びることが、オーストラリアでの生活で一番の問題だった。

184 ② ▶despiteの品詞は?

despite「～にもかかわらず」は前置詞ですが、②では後ろにsvが続いているため不適切となります。①although「～だけれども」と③even though「たとえ～でも」は接続詞、④in spite of「～にもかかわらず」は前置詞です。ちなみに、④In spite of his beingのhisは「動名詞の意味上の主語」です。

> despite = in spite of

和訳／彼は農場経営者であるにもかかわらず、決して早朝に起きない。

185 ③ ▶「～しない限り」を表す接続詞は?

全体は（ ）sv, SV. の形なので、空所には「接続詞」が入ると考えます。選択肢の中で接続詞は①と③で、文意に合うのは③Unless「～しない限り」です。②Even「～でさえ」は副詞、④Despite「～にもかかわらず」は前置詞です。

> unlessは簡単だけど入試頻出!

和訳／すぐに車の鍵を見つけられなかったら、仕事に遅刻する。

186 ① ▶「名詞節」をつくるには?

（ ）you will succeedが主語、depends on ～ が動詞です。空所には「主語」（名詞節）をつくる接続詞、①Whether or not「～かどうか」を選びます。②Even if「たとえ～でも」、③Though「～だけれども」、④In case「もしも～の場合には・～するといけないから」はすべて「"副詞節をつくる"従属接続詞」です。

> depend on ～「頼る」は「～次第（～によって決まる）の意味も大事!

和訳／君が成功するかどうかは、どれだけ頑張って働いたかによって決まる。

Review during・whileそれぞれの品詞は? ➡ 答えは164ページ

187
□□□

次の文の間違っている箇所を1つ選び、正しく直しなさい。

The question is ①how we can protect the environment and ②to keep ③a reasonable level ④of consumer comfort.

（神奈川大学）

188
□□□

a、bがほぼ同じ意味になるように、（　　　）内に適切な語（1語）を入れなさい。

a. She's not only a famous singer, but also a brilliant essayist.
b. She's（　　　）a famous singer and a brilliant essayist.

（鹿児島大学）

189
□□□

次の文の間違っている箇所を1つ選び、正しく直しなさい。

Every day either ①Jack or his brother ②go to the hospital to cheer up the children ③receiving treatment there.

（上智大学）

190
□□□

日本語の意味になるように、[　　　]内の語を並べ替えなさい。

電話を切ったとたんにまた電話がかかってきた。

The phone rang again [up / I / as / hung / as / soon].

（九州国際大学）

Answer during：前置詞／while：接続詞

187 ② to ➡ 削除

▶andは「対等な要素」を結ぶ

andの直後にto keep ~ と続いていますが、（これを正しいと仮定して）前半に同じ "to + 原形" の形を探してもありません。そこで②toを削除すれば、protect the environment and keep ~ と動詞の原形を結ぶことになります。

> andを見たら、何を結ぶか考える！

和訳 問題は、我々がどうやって環境を保護して、消費者の快適さを程よいレベルに保てるかだ。

188 both

▶andとペアになるのは？

aの文はnot only A but also B「AだけでなくBも」の形です。bの文は空所の後ろにあるandに注目して、both A and B「AとB両方」にすればOKです。

> either A or B「AかBどちらか」やneither A nor B「AもBもどちらも～でない」もチェック！

和訳 a. 彼女は有名歌手であるだけでなく、優れた評論家でもあります。
b. 彼女は有名歌手であるのと同時に、優れた評論家です。

189 ② go to the hospital ➡ goes to the hospital

▶まずは「SVの一致」を確認

主語がeither A or B「AかBどちらか」の場合、動詞の形はB（動詞に近い方）に合わせます。今回のBはhis brotherなので、②goをgoes（3単現のs）に直します。

和訳 毎日、ジャックか弟のどちらかが、そこで治療を受けている子どもたちを励ますために病院に行っている。

190 The phone rang again [as soon as I hung up].

▶「とたんに」をどう表す？

SV as soon as sv「svするとすぐにSVする」の形にします。hang upは「電話を切る」という熟語です。昔は壁掛け式の電話で、本来hang up the receiver「受話器（receiver）を、上の方に持っていって（up）ぶら下げる（hang）」➡「電話を切る」となったんです。

> 従属接続詞は整序問題でよく狙われる！

Review 「～するとすぐに」を表す接続詞は？（asから始めて）➡ 答えは168ページ

165

冠詞・名詞

攻略のコツ

　「aとtheの使い分け」や「不可算名詞」は無数のパターンがあるように思えますが、「入試問題」になるとパターンはかなり限られます。出るところは決まっているので、そこをきっちりと理解できれば必ず得点になります。

1 冠詞

何が重要?

「aやtheの特徴」や、会話で使われる Do you have the time?「今、何時ですか？」などが問われます。

どう考える?

　定冠詞theは「共通認識」がキーワードです。みんなで共通認識できるとき、つまり「せ〜の…」で一斉に指させるようなときにtheを使うのです。たとえば「太陽や月にtheがつく（the sun／the moon）」「最上級にtheがつく」などは、この発想で解決します。Open the door.「ドアを開けなさい」という文でも「（話し手も聞き手も）どのドアを指さすかわかる」のでtheを使うのです。

　一方、不定冠詞aは、共通認識できない、「たくさんある中の1つ」のときに使います。そして、この考えから派生した意味が入試で狙われます。

"a"の意味

①「ある1つ」　　in a sense「ある意味において」
②「〜につき」　　once a week「1週間につき1回」
③「いくらか（のカタマリ）」　　Just a moment.「ちょっと待って」

+αは?

　Do you have the time? は「今、何時ですか？」という意味です。the timeが「その場にいるみんなで共通認識できる時間（共有している時間）」→「今現在の時刻」

となり、**Do you have the time?** で「現時刻を何らかの手段で所有していますか（していたら教えて）」→「今、何時？」となるのです。

② 「不可算名詞」の考え方

何が重要？

英語の世界では「具体的な形がイメージできない」ものは数えません。「具体的な形がイメージできない」パターンは以下の3つに分けて考えてください。

⑴「目に見えない（ので具体的な形がイメージできない）」ものは数えない

> **情報系：** information「情報」／ news「ニュース」／ advice「助言」
>
> **仕事系：** work「仕事」／ homework「宿題」／ housework「家事」
>
> **その他：** fun「楽しみ」／ progress「進歩」／ traffic「交通量」

「仕事系（**work** ／ **homework**）」は「目に見えるでしょ？」と思うかもしれませんが、見えるのはあくまでも「働く人間・宿題の本」だけで、「仕事そのもの」は見えない、というのが英語の発想なんです。

⑵「切っても OK（なので具体的な形がイメージできない）」なものは数えない

> water「水」／ sugar「砂糖」／ bread「パン」／ chalk「チョーク」

⑶「ひとまとめ名詞（なので具体的な形がイメージできない）」は数えない

> money「お金（ひとまとめ）」／ baggage・luggage「荷物（ひとまとめ）」
> furniture「家具（ひとまとめ）」／ equipment「設備（ひとまとめ）」

baggage は「1つの荷物」ではなく「荷物ひとまとめ」です。いろいろな荷物（カバン・紙袋など）をひとまとめで考えて「具体的な形がイメージ」ができないので数えないという発想なんです（**baggage** = **bags** なので "a" や "複数の s" をつけないと考えることもできます）。

191
☐☐☐
A：Excuse me, (　　　)
B：It's nine fifty.
A：Is it really that late?
B：I'm afraid so.

① is it only this time?　　② how much is this?
③ is this the price?　　④ do you have the time?　　(神奈川大学)

192
☐☐☐
I belong to the tennis club and practice five days (　　　) week.

① a　　　　　　② the
③ on　　　　　④ for

(奈良産業大学)

193
☐☐☐
Monica got (　　　) from her coach about how to hit the ball.

① advices　　　② an advice
③ some advice　④ some advices

(愛知学院大学)

194
☐☐☐
Sorry, I can't go to the cinema tonight. I have (　　　) to do.

① a homework　　② homework
③ homeworks　　④ any homework

(南山大学)

195
☐☐☐
A lot of cold water (　　　) to cool down a drying machine.

① are used　　　② is used
③ uses　　　　④ used

(大阪経済大学)

Answer　as soon as

191 ④　▶Bが「時間」を答えている

④do you have the time?「今、何時ですか?」を選びます。the timeは「共通認識できる時間」➡「今の時刻」で、Do you have the time?「現時刻を所有していますか?(していたら教えて)」でしたね。

> Do you have time?なら、単に「今時間ありますか?」という意味。

和訳 A:すみませんが、時間を教えてもらえますか?　B:9時50分です。
A:本当にそんなに遅いのですか?　B:残念ながら、そうなんです。

192 ①　▶「〜につき」を表すには?

「週5日練習している」という意味を考え、①を選びます。このaは「〜につき」という意味で、five days a week「1週間につき5日」ということです。

和訳 私はテニスクラブに入っていて、週5日練習している。

193 ③　▶adviceの注意点は?

advice「アドバイス・助言」は「目に見えない(ので具体的な形がイメージできない)」ため不可算名詞です。よって、anや複数のsはつけられません。

> 情報系(information・news・advice)は数えない!

和訳 モニカはコーチから、ボールの打ち方についていくつかアドバイスをもらった。

194 ②　▶homeworkの注意点は?

homework「宿題」は「目に見えない」ので数えません。よって、aや複数のsは不要です。あくまで「本」などが見えるだけであって、「宿題」自体は目に見えないという発想です。ちなみに、④は形はOKですが、「やらなければならないどんな宿題でもある」という変な意味になってしまいます。

> 仕事系(work・homework)は「目に見えない」→「数えない」

和訳 ごめん、今夜は映画を見にいけないや。やらなきゃいけない宿題があるんだ。

195 ②　▶「切ってもOK」なものは?

空所直前にあるwater「水」は「切ってもOK」なので数えません。②を選んで、be used to 〜「〜するために使われる」とすればOKです(単なる"受動態+to 〜"の形)。④はused to 〜「よく〜したものだ」の形になり、意味が通りません。

和訳 乾燥機を冷却するために大量の冷水が使われる。

Review Do you have the time? の意味は? ➡ 答えは170ページ

196
☐☐☐
①Since the IT revolution, we have been ②exposed to a lot of
③informations and sometimes feel ④at a loss.

（国士舘大学）

197
☐☐☐
Roger's ①huge house has room after room full of ②beautiful paintings,
③antique furnitures and ④exotic plants.

（共立女子大学）

198
☐☐☐
①Nowadays, a jumbo jet can lift ②nearly five hundred people and their
③luggages ④into the air ⑤with its magnificent engine power.

（北里大学）

Answer 「今、何時ですか？」

196 ③　informations ➡ information

▶informationは目に見えない

③informationに複数のsはつかないので即答する問題です。a lot of 〜「多くの〜」は可算名詞だけでなく、不可算名詞も修飾できます。ちなみに、②は be exposed to 〜「〜にさらされる・触れる」、④は at a loss「途方に暮れて」という熟語です。

> 不可算名詞は正誤問題で超頻出。sのついた名詞は必ずチェックを！

和訳 IT革命以降、私たちは多くの情報にさらされ、時には途方に暮れることもある。

197 ③　antique furnitures ➡ antique furniture

▶furniture は「ひとまとめ」の発想

furniture は「家具ひとまとめ・家具類」という意味で、もともと「ひとまとめ」なので（1個1個を）いちいち数えません。よって、複数のsをとる必要があります。furniture = chairs + tables + beds ... ということです。

> furnitureは「家具ひとまとめ」という発想！

和訳 ロジャーの巨大な家には、美しい絵画、アンティークの家具類、異国風の植物が飾られている多くの部屋がある。

198 ③　luggages ➡ luggage

▶luggageも「ひとまとめ」の発想

luggage は「荷物」ではなく「荷物ひとまとめ・荷物類」という意味です。もともと「ひとまとめ」の不可算名詞なので、複数のsは不要です。baggage・luggage はまったく同じ意味、使い方です。

和訳 最近のジャンボ機は、その巨大なエンジン出力で500近くの人間と荷物を運ぶことができる。

Review　informationは可算名詞or不可算名詞？ ➡ 答えは174ページ

UNIT 4 代名詞

　the other・anotherを「あと1つ」と日本語訳だけで覚えると混乱します。入試問題はその混乱を狙ったものばかりなので、きちんと「品詞・概念」から考えれば簡単に解けるようになります。

❶ the other／another などの使い分け

何が重要?

the other vs. another

どう考える?

　the otherとanotherの違いは「theとa（an）の違い」です。たとえばリンゴが2個あるなら、1つめがone、残り1つは「どのリンゴか特定（共通認識）できる」ので、the other です。

　3個以上の場合は、1つめはone、2つめは「特定」できないので、aを使うanother です。anotherは "an + other" なんです。

　another = "an + other" と考えれば、×) the an other（theとanの重複が変）も簡単に理解できますね。

> **✦英語の核心**
>
> **the other と another は「the と a の違い」／
> another は "an + other"**

+αは?

the others vs. others

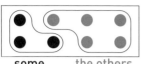
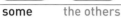

　たとえば8個入りのドーナツがあるとします。「3個（some）食べたら残りは何個？」という質問にはみんなで声をそろえて「5個」と言えますね。「特定・共通認識できる」ので、「残り」はthe othersになるわけです。

　今度は右側の図です。8個のうち3個（some）は普通のドーナツの場合、「ではチョコレートドーナツの数は？」と言われても「特定」できないので、theはつかないothersで表します。

2　oneselfを使った熟語

① make OC「OをCの状態にする」を使ったもの

□ make oneself at home「くつろぐ」※「自分自身をくつろいだ状態（at home）にする（make）」　□ make oneself understood「自分の考えが通じる」※「自分自身が（相手から）理解される状態（p.p.のunderstood）にする（make）」

② make以外の動詞を使ったもの

□ enjoy oneself「楽しむ」　□ seat oneself「座る」　□ kill oneself「自殺する」　□ say to oneself「ひとりごとを言う」

□ help oneself to ～「～を自由にとる（飲食する・使う）」　□ absent oneself from ～「～を休む」　□ devote oneself to ～・dedicate oneself to ～「～に専念する」　□ pride oneself on ～「～を誇りに思う」

③ 前置詞 oneself

□ by oneself「1人で・自力で」　□ for oneself「自分のために・自力で」
□ beside oneself「我を忘れて」

問題演習 STEP **1** | それぞれの空所に入る最も適切なものを
選択肢から1つ選びなさい。

199
☐☐☐

The house had two bedrooms: one on the ground floor, and (　　　)
upstairs.

① any　　　　　　　② others
③ some　　　　　　④ the other

（日本大学）

200
☐☐☐

My friend passed me (　　　) piece of bread.

① other　　　　　　② another
③ some more　　　　④ a few

（神奈川大学）

201
☐☐☐

I have three American friends: one is from California, and (　　　) are
from Ohio.

① another　　　　　② others
③ the other　　　　④ the others

（神戸親和女子大学）

202
☐☐☐

You can borrow a pen if you need (　　　).

① this　　　　　　　② one
③ some　　　　　　　④ any

（青山学院大学）

203
☐☐☐

Although all of the houses we looked at were nice, (　　　) made us
want to move.

① most of them　　　② all of them
③ each of them　　　④ none of them

（青山学院大学）

Answer　不可算名詞

| 1回目 | / | 2回目 | / | 3回目 | / |

---

199 ④ ▶「残りの1つ」を表すには?

寝室が「2つ」とあり、1つは one なので、「残りの1つ」を特定(共通認識)できます。the がついた、④the other が正解です。

和訳 その家は寝室が2つあって、1つは1階に、もう1つは2階にあった。

---

200 ② ▶「もう1つ」を表すには?

pass 人 物「人に物を手渡す」の形です。「(いくつかあるうちの)もう一切れ(を手渡す)」ということなので、②another を選びます。「たくさんある中の1つ」は a・an を使い、"an + other" ➡ another と考えましょう。

> another は「おかわり」の感覚でよく使われる!

和訳 友人は私に、パンをもう一切れ手渡してくれた。

---

201 ④ ▶「残り全員」を表すには?

友達が「3人」で、1人は one、「残り2人(残り全員)」は特定(共通認識)できる、かつ複数なので、④the others を使います。②others は the がないため、特定できない複数に使います。また、③the other では単数になってしまいます。

和訳 私には3人のアメリカ人の友達がいる。1人はカリフォルニア出身で、それ以外はオハイオ出身だ。

---

202 ② ▶「それ」を表す one と it

一度出た名詞を受ける(「それ」という意味)には one か it を使います。one は「同じ種類の1つ」、it は「ズバリそれ」という感覚です。今回は「不特定(a pen)」を受けて、「(どれでもいいので)同じ種類のペン」を受けるので、②one が正解です。

> it は「(世界に1つの)それ!」という感覚!

和訳 もし必要ならペンを借りられます。

---

203 ④ ▶否定の意味になるのは?

全体は Although sv, SV.「sv だけれども SV だ」の形です。「家はどれも素敵だったが、引っ越したいのは( )」なので、否定の単語が入ると考え、④none of them を選びます。×)no of ~ という形は NG なので(no には代名詞の用法がない)、その代わりに none を使うと考えれば OK です。

> 2つの否定のときは neither「どちらも~ない」、3つ以上の否定は none「どれも~ない」

和訳 私たちが見た家はどれも素敵だったが、引っ越そうと思うものは1つもなかった。

Review 「(2つのうち)残り1つ」を表すのはどっち? "another" or "the other" ➡ 答えは176ページ

問題演習
STEP 2 | それぞれの設問の指示にしたがい、
問題を解きなさい。

---

204 次の文の間違っている箇所を1つ選び、正しく直しなさい。
□□□

A reporter, ①stopping us on the street, asked ②Bob and I whether we
③believed the testimony of Clarence Thomas or ④that of Anita Hill.

（上智大学）

---

205 日本語の意味になるように、[　]内の語を並べ替えなさい。
□□□

彼女は料理の腕前が自慢です。【不要語1語あり】

She [such / on / herself / prides / skills / being] a good cook.

（成蹊大学）

---

206 日本語の意味になるように、[　]内の語を並べ替えなさい。
□□□

教室に残っている者もいたし、建物の外で遊んでいる者もいた。

Some were [playing / outside / in / others / the classroom / and / were]
the building.

（日本大学）

Answer　the other

204 ② Bob and I ➡ Bob and me

▶しっかり構文を意識する

A reporter が主語、コンマで挟まれた部分は余分な要素（分詞構文）で、asked が動詞です。②Bob and I は asked の目的語になるはずなので、I を me に直します（主格は変なので目的格にする）。全体は ask 人 whether ～「～かどうか 人 に尋ねる」の形です（人 に Bob and me がきている）。

④ の that は、the testimony「供述書」を受ける。

> 和訳 ある記者が、道で私たちを呼び止め、ボブと私に、クラレンス・トーマスかアニタ・ヒルの供述書を信じるかどうか尋ねた。

205 She [prides herself on being such] a good cook.
不要語：skills

▶「自慢する」をどう表す?

pride oneself on ～「～を誇りに思う・自慢する」という熟語にします。on の後ろに動名詞 being がきて、その後は such a good cook「料理がとてもうまい人」にすればOKです。

such a 形容詞 名詞 の語順に注意（Chapter4 UNIT6）。

206 Some were [in the classroom and others were playing outside] the building.

▶「～する人もいたし、～な人もいた」のパターン

文頭の Some は「何人かの人が～」➡「～な人もいる」で使われます。この Some と対応するのが others で、Some ～ and others ...「～する人もいるし、…する人もいる」というよく使われる形にします。ちなみに「帰った人」など、some と others の2パターン以外の行動をとった人がいることが示唆されます。

形容詞

攻略のコツ

「形容詞」と聞いても、「何がポイントになるのか？」がよくわからないかもしれません が、「用法」と「意味」などの観点から整理していけば簡単ですし、入試で出る ものは限られていますので、そこをピンポイントで理解していきましょう。

❶「用法」が狙われる形容詞（その**1**）

何が重要？

叙述用法のみの形容詞　　※ "a-" というスペルが多い。

□ alive「生きている」　　□ asleep「眠っている」　　□ awake「目が覚めている」

※「叙述のみ」ということは「名詞の前に置いちゃダメ」ということです。

どう考える？

　名詞を修飾するのが「限定用法」、補語になるのが「叙述用法」です。形容詞は 原則両方の用法で使えるのですが、中には「どっちかの用法しかない」ものがあ ります。「限定用法のみ」の形容詞として大事なのは living「生きている」です。「叙 述用法のみ」の形容詞は上の alive・asleep・awake をチェックしておきましょう。

+αは？

限定用法と叙述用法で意味が異なる形容詞

	限定用法	叙述用法
certain	ある	確かな
present	現在の	出席している

　形容詞の「使い方」が問われます。文法書にはたくさんの例が挙げられますが、 これに関して入試に出る形容詞はほとんど決まっているので、対策は簡単です。

2 「用法」が狙われる形容詞（その2）

何が重要?

ハイフンで結ばれた単語は形容詞の働きをします。たとえば、**three-year-old** のようにハイフンで単語を結んで名詞を修飾できます。**three-year-old son**「3歳の息子」のようになります。

どう考える?

注意してほしいのが、決して、×) **three-years-old** にはならずに、**three-year-old** になることです。「形容詞には複数形なんて存在しない」ので、複数のsをつけてはいけないのです。

3 「意味」が狙われる形容詞

何が重要?

forgetful・**forgettable** などの違いが狙われます。特に最近では **available** の出題が激増しています。

	能動「〜している」	受動「〜されている」
forget（忘れる）	forgetful（忘れっぽい）	forgettable（印象に残らない）
respect（尊敬する）	respectful（敬意を示す）	respectable（立派な）
envy（嫉妬する）	envious（嫉妬している）	enviable（嫉妬されるぐらい良い）
regret（後悔する）	regretful（残念に思っている）	regrettable（残念な・悲しむべき）

どう考える?

こういった形容詞は丸暗記するしかないと思われていますが、語尾（-able／-ible）から考えると一気に整理できます。"-able・-ible" に「可能（できる）」の意味があるのは有名ですが、実は「受動（〜される）」の意味もあるんです（"-able・

-ible" 以外その他全部は「能動」と考えてください)。

　たとえばforgetful は「忘れっぽい（能動）」ですが、forgettable は「忘れられる（受動）」→「影が薄い」となります。respectful は「尊敬している（能動）」→「敬意を示す」ですが、respectable は「尊敬されている（受動）」→「立派な」となるわけです。

┌─── ✦ 英語の核心 ──────┐
│ "-able・-ible" は「受動」 │
└─────────────────────┘

+αは?

　available は「受動」を表すので、「使われる（can be used）」となります（avail ＝ use）。「利用できる・手に入る」や「都合がつく」という意味で使われます。

availableの意味

① 「利用できる・手に入る」 The telephone is available. 「その電話を使える」
② 「都合がつく」 Are you available this afternoon? 「今日の午後空いてる？」

　available は「スタンバイ OK」のイメージで押さえておくといいでしょう。
「物がスタンバイ OK」→「利用できる・手に入る」、「人がスタンバイ OK」→「都合がつく」となります。

④ 数量形容詞

何が重要?

数量形容詞の区別

	数（可算名詞）に使う形容詞	量（不可算名詞）に使う形容詞	数・量どちらもOK
たくさんの～	many	much	—
たくさんの～	a number of ～	a great deal of ～ a large amount of ～ a large quantity of ～	a lot of ～
少し～ある	a few ～	a little ～	—
たくさんの～	quite a few ～	quite a little ～ quite a bit of ～	—
ほとんど～ない	few ／ very few	little ／ very little	—

どう考える?

　数量を表す形容詞は可算・不可算名詞とセットで出題されるので、その視点から整理してください。

　また、**a few** は「少し」と訳されますが、本当は「（少し）<u>ある</u>」という感覚です。だから quite a few は「すごくある」→「たくさんの」となるのです。

+αは?

each／every／either は「単数扱い」する形容詞です。すべて "e-" で始まるので、「3つの "e-" は単数扱い」と覚えましょう。

※意味は複数ですが「1つ1つ」を意識するので単数扱いになるわけです。

207
□□□
My professor has written many books and she is the greatest (   ) expert on Australian art.

① alive
② lived
③ to live
④ living

(西南学院大学)

208
□□□
It is most (   ) that Mr. Cole has decided to resign.

① regret
② regrets
③ regretting
④ regrettable

(法政大学)

209
□□□
We will ship your purchase as soon as the product becomes (   ).

① appropriate
② available
③ convenient
④ useful

(愛知医科大学)

210
□□□
X : Are these cups hand-made?
Y : Yes. That's why each of them (   ) slightly different.

① am
② is
③ were
④ are

(北海学園大学)

211
□□□
Every (   ) $60.

① ticket have cost
② tickets cost
③ ticket costs
④ tickets will cost

(椙山女学園大学)

Answer   (pride) oneself on ～

207 ④ ▶expertを修飾するのは?

空所にはexpertを修飾する「限定用法」の形容詞が入ると考え、④を選びます。①alive「生きている」は「叙述用法」でしか使うことができません。

和訳 私の教授はたくさんの本を書いており、オーストラリア芸術に関する最も偉大な存命の専門家だ。

208 ④ ▶that以下が「後悔される」という関係

It is regrettable that ～「～することは残念だ」とします (itは仮主語、that ～ が真主語)。-ableは「可能・受動」を表し、regrettableは「後悔されることができるような」➡「残念な・悲しむべき」です。③では「that以下が後悔する」という関係になってしまいます。

> 「-able・-ible」は「可能 (～できる)・受動 (～される)」の意味。

和訳 コールさんが辞職することを決めたのは、とても残念なことだ。

209 ② ▶「商品が利用できる・在庫がある」を表すには?

②が正解です。ここでのavailableは「手に入る」の意味です。また、「動詞ship「発送する」や名詞purchase「購入品」もチェックしておきましょう。

> availableは「スタンバイOK」のイメージ!

和訳 ご購入いただいた商品は、商品が入荷次第、発送いたします。

210 ② ▶SVの一致を確認

空所を含む文はThat's why ～「だから～」で、その後ろはeach of themが主語です。each「それぞれの」は「単数扱い」なので、適切な動詞は②isです。each (of them) isという感覚で、of themは修飾語にすぎない (説明しているだけ) なので、them自体は複数形でOKです。

和訳 X：これらのカップは手作りですか。
　　　Y：はい。だから1つひとつわずかに違うのです。

211 ③ ▶everyの後ろの形は?

every「すべての」は「単数扱い」で、直後には単数名詞が続くので③を選びます (cost 金「金」がかかる」の形)。①はEveryの直後にticketがきている点はOKですが、主語Every ticketと動詞have costが合いません (hasになるはず)。

> 「3つのe (each／every／either)」は単数扱い!

和訳 各チケット60ドルになります。

Review -ableには「可能・○○」の意味がある ➡ 答えは184ページ

問題演習
STEP **2** ┃ それぞれの設問の指示にしたがい、
　　　　　　問題を解きなさい。

212
☐☐☐

日本語の意味になるように、[　　]内の語を並べ替えなさい。

私は何か特別なことを行う予定です。

I [to / am / something / planning / do / special].

（札幌学院大学）

213
☐☐☐

次の文の間違っている箇所を1つ選び、正しく直しなさい。

Dick, ①an eight-years-old boy, entered the park ②through a hole in the fence ③after the park ④had closed.

（東洋大学）

214
☐☐☐

次の文の間違っている箇所を1つ選び、正しく直しなさい。

There are ①much reasons ②why someone ③would choose to attend university. ④Naturally, some reasons are better than others.

（慶応大学）

Answer　受動

212 I [am planning to do something special].

▶special をどこに置く?

plan to ～「～する予定」の形で、後ろは do something special「何か特別なことをする」と続けます。some・any・no などの前に形容詞が出ることはなく、"something 形容詞" の語順になります。something hot to drink「何か温かい飲み物」という表現が有名です。

213 ① an eight-years-old boy ➡ an eight-year-old boy

▶ハイフンを使うと形容詞になる

eight-year-old はハイフンで単語を結んで「形容詞」になります。形容詞が「複数形」になるのはおかしいので、①an eight-years-old boy の s をとれば OK です。eight-year-old「8歳の」が名詞 boy を修飾する形です。

> 「ハイフン形容詞化」は正誤問題でよく出る。

和訳 ディックという8歳の男の子が、閉鎖されたあとにフェンスの穴を通って公園に入った。

214 ① much ➡ many

▶可算名詞を修飾するのは?

①の直後 reasons は複数の s があるので、「可算名詞」として使われているとわかります(そもそも There are も複数を受けるはず)。①much は「不可算名詞」を修飾するので、「可算名詞」を修飾する many に直せば OK です。

和訳 人が大学進学を選ぶのには多くの理由がある。もちろん、いくつかの理由はほかのものより優れている。

Review ハイフンで形容詞化した表現は、○○形にはならない ➡ 答えは188ページ

副詞

　マイナーに思われがちな「副詞」にもたくさんの重要ポイントがあります。「品詞の意識・用法」という観点から攻略していきましょう。

❶ 「副詞」の判別

何が重要?

名詞と混同しやすい「副詞」

> home「家へ」／ here「ここへ」／ there「そこへ」／ somewhere「どこか」・anywhere「どこでも」／ abroad「海外へ」／ downtown「繁華街へ」

どう考える?

　副詞は直前に「前置詞不要」で、×）go <u>to</u> abroad ではなく、go abroad です。

+αは?

　however など（接続詞っぽい訳語を持つ）「副詞」が重要です。あくまで副詞なので、以下のような形で使われます。

×）SV however SV.　　※副詞 however では文を「接続」できない
◎）SV. However, SV.

重要な「接続副詞」

> □ however「しかしながら」　□ nevertheless・nonetheless「それにもかかわらず」　□ also・besides・moreover・furthermore「加えて」
> ※ besides には「前置詞（〜に加えて）」の用法もある　□ then「それから」
> □ otherwise「そうでなければ」　□ thus・therefore「だから」

② 位置が狙われる副詞

何が重要?

"so 形容詞 a 名詞" のような特殊な語順になる副詞 (so・as・too・how・however) の5つが超頻出です。

どう考える?

特殊な副詞は、普通の副詞 (very など) と比較して考えてみましょう。

---

① 普通の副詞 (very など多数) は「謙虚な性格」

very　　She is a very good singer.

「謙虚」なので自ら修飾する相手の元へ

② 特殊な副詞 (so・as・too・how・however のみ)」は「わがままな性格」

so　　She is so good a ~~good~~ singer.

「わがまま」なので good を引っ張り出す

---

so は good を修飾するのに自分が good のそばに行くことはありません (very と違って「わがまま」なので、自分は動かず good を引きずり出すイメージ)。このように形容詞を前に引きずり出すものを「わがまま副詞」とこの本では呼びます。

③ -ly がつくと意味が変わる副詞

何が重要?

よく使う副詞	注意すべき副詞
hard「熱心に」	hardly「ほとんど〜ない」
late「遅く」	lately「最近」
high「高く」	highly「大いに」 ※比喩的に「高く」
most「ほとんど」	mostly「たいていの場合は」
near「近くに」	nearly「ほとんど」(＝ almost)

215
□□□

It's already 10 p.m. I would like to (　　　) home.

① return to 　　　　② come back to
③ go 　　　　　　　④ go the

（駒澤大学）

216
□□□

Rosalind says she couldn't get here through all the snow. (　　　), her child is ill.

① Besides 　　　　② However
③ Likewise 　　　　④ Suchlike

（慶応大学）

217
□□□

They did not realize (　　　) interesting the results could be.

① how 　　　　　② how much
③ so 　　　　　　④ so much

（神奈川大学）

218
□□□

I ate (　　　) a big lunch that I had a stomachache in class.

① too 　　　　　② so
③ such 　　　　　④ enough

（佛教大学）

219
□□□

Ms. Mitsui is (　　　) nice a person that every student respects her.

① such 　　　　　② so
③ very 　　　　　④ too

（神戸親和女子大学）

215 ③ ▶home の品詞は？

home は「家に」という意味の「副詞」です（名詞や形容詞もありますが、入試では「副詞」の用法が断トツで重要）。副詞は「直前に前置詞不要」なので、go home「家に帰る」となります。

和訳 もう夜の10時だ。家に帰りたい。

216 ① ▶「追加」を表す副詞は？

1文目「大雪のせいで来られなかった」と2文目「子どもは体調が良くない」のつながりを考えると、マイナス内容を「追加」しているので、①Besides「その上」が正解です。他の選択肢で重要なのは、②However「しかしながら」と③Likewise「同様に」です。

besides は「副詞」と「前置詞（〜に加えて）」。beside「〜のそばに」は「前置詞」

和訳 ロザリンドは大雪のせいでここに来られなかったそうだ。その上、彼女の子どもは体調が良くない。

217 ① ▶空所の直後の interesting に注目

文末 be の後にあった interesting が引っ張り出された形です。how は「わがまま副詞」で "how 形容詞・副詞" の語順をとります。さらに how は節をつくる（後ろに SV がくる）のも特徴です。so は「わがまま副詞」というのは OK ですが、SV はきません。

和訳 彼らは、結果がどれほど面白いものになりうるのか気づいていなかった。

218 ③ ▶空所直後の a big lunch の語順に注目

"such a 形容詞 名詞" という形にします。①too と②so は「わがまま副詞」なので（形容詞を前に引きずり出すため）"too[so] 形容詞 a 名詞" の形になるはずです。④enough は "形容詞・副詞 enough to 〜" の語順が重要です。

わがまま副詞のひっかけ問題で "such a 形容詞 名詞" が出る！

和訳 私はお昼ご飯をたくさん食べすぎて、授業中にお腹が痛くなった。

219 ② ▶わがまま副詞と such の区別

空所直後に nice a person と続いています。わがまま副詞の②so を選んで、"so 形容詞 a 名詞" の語順にすれば OK です（全体は so 〜 that …「とても〜なので…だ」）。①such は "such a 形容詞 名詞" の語順になるので、such a nice person となるはずです。③very を使うなら、a very nice person の語順になります。④too はわがまま副詞ですが、後ろの that … とつながりません。

和訳 ミツイ先生はとても優しい人なので、生徒全員から尊敬されている。

Review 「家に帰る」はどっち？　"go home" or "go to home" ➡ 答えは190ページ

220
☐☐☐

次の文の間違っている箇所を1つ選び、正しく直しなさい。

①Every time I go to the doctor ②for a check-up, he tells me that I
③should exercise more often, but I ④can't hardly find the time.

（広島修道大学）

221
☐☐☐

[　　]内の語を並べ替えなさい。

He is [to / as / as / person / said / be / nice / a] his wife.

（青山学院大学）

222
☐☐☐

日本語の意味になるように、選択肢を並べ替えなさい。
その知らせは彼女に大変な衝撃を与えたので、彼女はもう少しで気絶するところだった。
The news [＿＿＿＿] her [＿＿＿＿] a shock [＿＿＿＿] she [＿＿＿ ＿＿＿].

① nearly 　　　　**②** that 　　　　**③** fainted
④ such 　　　　**⑤** gave

（桜美林大学）

223
☐☐☐

日本語の意味になるように、[　]内の語を並べ替えなさい。
その男性は親切にも私をビーチまで案内してくれた。

The man [the way / enough / to / me / show / kind / was] to the beach.

（麗澤大学）

Answer　go home

220 ④ can't ➡ can

▶hardlyは「否定語」

④の直後にある hardly は「ほとんど～ない」という意味の否定語です。否定語の前に not があるのは変なので、④can't を can に直せば OK です。I can hardly ～「私はほとんど～できない」です。ちなみに①は Every time sv, SV.「sv するたびに SV する」という従属接続詞 every time です（もし余裕があれば覚えてください）。

hard は「熱心に」、hardly は「ほとんど～ない」

和訳 検査のために病院に行くたびに、医者にもっと運動をするようにと言われるが、私にはそんな時間はほとんどない。

221 He is [said to be as nice a person as] his wife.

▶asの性格に注意

まずは is said to ～「～と言われている」の形をつくります。to の直後は原形 be で、その後はわがまま副詞 as に注意して "as 形容詞 a 名詞" の語順にします。as nice a person as his wife「奥さんと同じくらい優しい人」です（as ～ as ...「…と同じくらい～」）。

和訳 彼は奥さんと同じくらい優しいと言われている。

222 The news [⑤gave] her [④such] a shock [②that] she [①nearly ③fainted].

▶suchとnearlyをどう使う？

日本文「与えた」は、give 人 物「人 に 物 を与える」で表します。物 は such a shock「大変な衝撃」です（"such a 形容詞 名詞" から形容詞が省略されたと考えれば OK）。全体は such ～ that ...「とても～なので…だ」の形で、that 以下は nearly fainted「もう少しで気絶するところだった」がポイントです。

almost・nearly は「あとちょっと・もう少しで～するところ」

223 The man [was kind enough to show me the way] to the beach.

▶「親切にも～してくれた」を表すには？

語群の enough に注目して、"形容詞・副詞 enough to ～"「～するほど形容詞・副詞 だ」の形を考えます。The man was kind enough to ～「男性は～するほど親切だった・男性は親切にも～してくれた」です。「私を～に案内する」は show me the way to ～ です（直訳は「私に～への道を教える」）。

kind enough to ～「親切にも～する」は日常会話でも重要！

Review enough kind と kind enough、正しい形は？ ➡ 答えは196ページ

191

Column この本の「次にやるもの」は？（後編）

「長文に取り組みたい」なら…

　いきなり長文に入るよりは、英文法の知識を駆使しながら「一文を正確に読む」訓練をするのがいいでしょう。これはいわゆる「英文解釈」と言われるものです。ただ、「英文解釈は大事だ」とはよく言われるものの、「そもそも英文解釈とは何なのか？」までは説明されません。ここで僕なりに説明しておくと、以下の3点に集約されます。

① 英文法の各単元を「基本4品詞（名詞・形容詞・副詞・動詞）」の観点から捉えなおすこと
② 「主語＋動詞」や修飾関係を把握して、英文の「文型」を判別すること
③ 上記の解析作業に基づいて、英文の意味を理解すること

　要するに「意味を理解するために"英文を分析する"こと」なのですが、その分析の過程において、「英文法」を駆使することになります。
　ですから、英文法は「長文にも役立つ"解釈の視点"で学ぶ」必要があります。たとえば「分詞構文は、もともと接続詞があって…」という説明より、「分詞構文は副詞のカタマリをつくる」と考えるほうが実践的です。このように「基本4品詞（名詞・形容詞・副詞・動詞）」の観点から考えていくと、英文法の知識が長文でも使える知識に昇華するのです。

　もうお気づきだと思いますが、この本ではその考え方をすでに取り入れています。英文法の問題集なので、入試の文法問題を完璧に解説するのは当然として、長文読解にもつながる「英文解釈の視点」を常に意識して問題選定・解説をしています。この本で学んだことは英文解釈や長文の勉強中にも必ず役立ちますよ。
※この本と同じ方針で英文解釈に取り組みたい人は、2023年中には刊行されるであろう『英文解釈　ポラリス』や、『世界一わかりやすい英文読解の特別講座』を使うのがオススメです。

Chapter 5

文型

第1〜第3文型の語法

攻略のコツ

　lieやlayの区別は、「横たえる」なんて訳語を覚えるのではなく、「自動詞・他動詞」という観点から整理していくことがポイントになります。

1 セットで狙われる "自動詞 vs. 他動詞"

何が重要?

lie vs. lay

☐ lie	自動詞	「いる・ある・横になる」	lie – <u>lay</u> – lain
☐ lay	他動詞	「置く・横にする」	<u>lay</u> – laid – laid

※lieは「横たわる」よりも「いる・ある・横になる」、layは「横たえる」よりも「置く・横にする」で覚えたほうがラクで現実的ですよ／<u>lay</u>の区別は「時制（3単現のsがあれば現在形なので他動詞lay）」などで判断します。

rise vs. raise

☐ rise	自動詞	「上がる」	rise – rose – risen
☐ raise	他動詞	「上げる」	raise – raised – raised

grow up vs. bring up

☐ grow up	自動詞	「育つ」	grow up – grew up – grown up
☐ bring up	他動詞	「育てる」	bring up – brought up – brought up

どう考える?

　動詞に対して「あっそう」で終わるのが自動詞、「何を？」と聞き返すのが他動詞でしたね（104ページ）。これで99％以上の動詞が判別できます。これを踏まえて、上の動詞を（特に他動詞に「何を？」と聞き返しながら）チェックしてみてください。

② 自動詞とまぎらわしい「他動詞」

何が重要？

「何を？」と聞き返すのが他動詞なのですが、これには例外があります。大学側は「『何を？』が使えないものは覚えてほしい、だから出題します」という姿勢で、以下の動詞を出題してきます。

自動詞とまぎらわしい「他動詞」 ※すべて「直後に名詞」がくる

□ resemble「〜に似ている」 □ answer「〜に答える」 □ strike 〜「(考えが) 人の心に浮かぶ」 □ attend「〜に出席する」 □ reach「〜に着く」 □ enter「〜に入る」 □ approach「〜に近づく」 □ visit「〜を訪問する」 □ leave「〜を出発する」 □ marry「〜と結婚する」 □ contact「〜と連絡をとる」 □ join「〜に参加する」 □ discuss「〜について議論する」 □ mention「〜について言及する」

覚えるときは「正しい形」で繰り返すのがコツです。たとえば「discuss は about をとらない」なんて覚えると、逆に discuss と about が頭に焼き付いてしまうので、正しい形（たとえば "discuss it"）を 10 回つぶやくほうが効率的です。

③ seem 型

何が重要？

seem 型の動詞　　基本形：seem 形容詞

① 存在・継続　be「〜である」／ keep・remain・stay「〜のままでいる」

② 変化　become・get・turn「〜になる」

③ 感覚　seem・appear「〜のようだ」／ look「〜に見える」／ feel「〜のように感じる」／ sound「〜に聞こえる」／ taste「〜の味がする」

seem 型は第 2 文型（SVC）をとり、「直後に形容詞」がくるのがポイントです。たとえば、He seems happy. が正しい文です。「彼は幸せそうに見える」という日本語につられて、（×）He seems happily. としないように注意してください。

224 Don't (   ) down on the ground even if you are very tired.

① lay   ② laid
③ lain   ④ lie

（佛教大学）

225 The mother (   ) her baby on the bed and took a rest.

① laid   ② lain
③ lay   ④ lied

（学習院大学）

226 He was born and (   ) in London.

① grown   ② raised
③ risen   ④ brought

（芝浦工業大学）

227 We (   ) our plans with our teacher.

① discussed   ② discussed about
③ discussed for   ④ discussed on

（中部大学）

228 I felt (   ) when I heard what happened to the family.

① being sad   ② sad
③ sadly   ④ to be sad

（立命館大学）

Answer　kind enough

1回目	2回目	3回目
/	/	/

1 動詞関連

2 準動詞

3 傷遊系

4 品詞系

5 文型

224 ④ ▶空所の後ろには名詞がない

空所直後のdownは副詞、on the groundは副詞句なので、空所には自動詞の④lieが入ります（Don'tから始まる命令文で、自動詞lieの原形）。①layは自動詞lieの過去形と他動詞layの原形、②laidは他動詞layの過去・過去分詞、③lainは自動詞lieの過去分詞です。

> lie down「横になる」はよく使われる表現。

和訳 すごく疲れていたとしても、地面に横になるな。

225 ① ▶直後に名詞 (her baby) があるので…

（名詞を目的語にする）他動詞が必要なので、他動詞layの過去形である①のlaidを選びます。原形の③layだと主語The motherが3人称単数なのでlaysにならないといけません。ちなみに、④liedは自動詞lie「嘘をつく」の過去・過去分詞です。

和訳 母親は赤ちゃんをベッドに寝かせ、休んだ。

226 ② ▶受動態になるのは他動詞だけ

前半はbe born「生まれる」で、空所部分はbe動詞とセットで受動態になるものを選びます。raise「～を育てる」の受動態で、be raised「育てられる」➡「育つ」とすればOKです。raiseは本来「上げる」で（raise your hand「手を上げる」が有名）、そこから「親が子どもの年齢を上げる」➡「育てる」となりました。be born and raised in ～「～で生まれ育つ」はよく使われます。

> bring up = raise「～を育てる」は他動詞、grow up「育つ」は自動詞。

和訳 彼はロンドンで生まれ育った。

227 ① ▶discussは他動詞

discuss「～について議論する・話し合う」は他動詞なので、直後に名詞（目的語）がきます（前置詞は不要）。今回の英文はdiscuss 物 with 人「物について人と話し合う」の形です。

和訳 私たちは先生と計画について話し合った。

228 ② ▶feelはseem型の動詞

felt（feelの過去形）はseem型なので、直後には「形容詞」がくるため、②sadを選びます。ちなみに③sadlyは副詞です。

> seem型は「形容詞」を考える!

和訳 その家族に起こったことを聞いて悲しくなった。

Review discussは自動詞or他動詞？ ➡ 答えは198ページ

229 When I ①arrived ②at the Italian restaurant, there ③was only a few people ④there.

（群馬大学）

230 ①The value ②of the yen ③declines ④as the rate of inflation ⑤raises.

（早稲田大学）

231 He told me that he ①would ②marry with her if he ③were in my ④place.

（名古屋外国語大学）

232 He seemed ①rather ②proudly of this example ③of how things ④have improved in his country.

（早稲田大学）

Answer　他動詞

---

229 ③ was ➡ were

▶ **There is 構文の主語は？**

主節は There is 構文です。There is の主語は後ろの名詞（only a few people）で、今回は「複数」のため、動詞を were に直します（口語ではこの形も使われるのですが、試験では避けるべきです）。ちなみに There is ～ there.「そこに～がいる」の形はアリなので④は正しいです。

> arrive at[in] = get to = reach 「～に着く」はセットで押さえよう！

和訳 私がイタリアンレストランに着いたとき、そこにはたった数人しかいなかった。

---

230 ⑤ raises ➡ rises

▶ **raise は他動詞**

⑤の raise は他動詞なので、直後に目的語が必要なはずです。ここでは自動詞の rise に直せば OK です（3 単現の s も忘れずに）。全体は SV as sv.「sv するにつれて SV する」の形です。

和訳 インフレ率が上がるにつれて、円の価値は下落する。

---

231 ② marry with ➡ marry ／ get married to

▶ **marry の使い方**

marry は他動詞で直後に目的語がくるので、②marry with の with を削除します。もしくは get married to ～「～と結婚する」という表現を使っても OK です。ちなみに、that 節中は仮定法過去なので、②were はこのままで問題ありません（43 ページ）。

> marry 人 = get married to 人 「人と結婚する」

和訳 彼は私に、もし彼が私の立場なら彼女と結婚すると言った。

---

232 ② proudly ➡ proud

▶ **seem を見たら何を考える？**

seem の後ろには「形容詞」がくると考えて、②proudly（副詞）を proud（形容詞）に直します。He seemed (rather) proud of ～「彼は～を（かなり）誇りに思っているようだった」です。rather「かなり」は副詞で、proud を修飾しています。

和訳 彼の国で事態が改善したこの事例を、彼はかなり誇りに思っているようだった。

Review　seem 型の直後にくる品詞は？ ➡ 答えは 202 ページ

第4文型の語法

攻略のコツ

　第4文型は、"V 人 物 の形"をとることは有名ですが、それがどう役立つのか、文法のポイントが何かは、知られていませんね。まずこの"V 人 物"という形をとった場合、その動詞は「与える」か「奪う」という（真逆の）意味のどちらかになる、ということがすごく重要です。

1 give型

何が重要?

　第4文型をとる動詞（give・showなど）はどれもよく出ますが、大学入試で一番大事なのは"do 人 物"「人 に 物 を与える」の形です。

give型の動詞　基本形give 人 物 「人 に 物 を与える」⇔ give 物 to 人

□ give「与える」　□ send「送る」　□ teach「教える」　□ tell「話す」

□ show「見せる」　□ bring「持ってくる」　□ lend「貸す」　□ ask「たずねる・

要求する」　□ do「与える」　※doの目的語はgood「利益」／harm・damage「害」

／a favor「親切な行い」など決まった名詞だけ。

どう考える?

　give型の動詞はすべて「与える」という意味が基本です。"teach 人 物"は「知識を与える」、"show 人 物"は「情報を与える」ということですね（ちなみに、これを逆手にとると、長文で知らない動詞が"V 人 物"の形をとっていれば「与える」と訳せるとわかります）。

2 take型

何が重要?

　"take 人 時間"「人 は 時間 がかかる」、"cost 人 お金"「人 に お金 がかか

る」などがよく問われます。これらの表現は「特殊な語法」としてバラバラに覚えたかもしれませんが、take型として整理すればかなりスッキリします。

どう考える?

take型はgive型とは正反対の「奪う」という意味になります。たとえば、"take 人 時間" という表現は「人 から 時間 を奪う」→「人 に 時間 がかかる」となっただけなんです。

take型の動詞　　基本形：take 人 物 「人 から 物 を奪う」

☐ take 人 時間　　　「人 から 時間 を奪う」→「人 は 時間 がかかる」

☐ cost 人 お金　　　「人 から お金 を奪う」→「人 に お金 がかかる」

　　　　 命　　　　　「人 から 命 を奪う」→「人 の 命 が犠牲になる」

☐ save 人 手間・お金　「人 から 手間・お金 を奪う」

　　　　　　　　　　→「人 の 手間・お金 が省ける」

☐ spare 人 手間　　　「人 から 手間 を奪う」→「人 の 手間 が省ける」

☐ owe 人 お金　　　　「人 から お金 を（一時的に）奪う」

　　　　　　　　　　→「人 から お金 を借りる」

+αは?

spareは少し注意が必要です。後ろにくる単語によって、「与える」と「奪う」のどちらの意味にもなるからです（つまり、give型・take型両方に属する唯一の動詞と言えます）。

spareの判別　　時間 か マイナス単語 かで判別

(1) spare 人 時間　　「人 に 時間 を与える」　※時間 がきたらgive型です。

(2) spare 人 マイナス単語　　「人 から マイナス単語 を奪う」

　　※マイナス単語 とはtrouble などです。この場合はtake型のsaveと同じ意味になります。

233

☐☐☐ 各組の2つの文がほぼ同じ意味になるように、空所に入る最も適切な語（句）を1つ選びなさい。

Taro enjoys bird watching.

Bird watching (　　).

① takes pleasure from Taro ② takes Taro from pleasure

③ gives Taro pleasure ④ gives Taro with pleasure

（駒澤大学）

234

☐☐☐ 空所に入る最も適切なものを選択肢から1つ選びなさい。

It may (　　) us several months to finish this project.

① cost ② keep

③ make ④ take

（東北学院大学）

235

☐☐☐ 空所に入る最も適切なものを選択肢から1つ選びなさい。

It costs (　　) to enter this opera house.

① for $25 for you ② $25 to you

③ $25 you ④ you $25

（立命館大学）

236

☐☐☐ 日本文と同じ意味になるものを1つ選びなさい。

「ちょっとお願いがあるんだけど」

① There's something you have to do.

② Could you do me a favor?

③ You'd better do it.

④ There's a job for you to do.

（青山学院大学）

Answer 形容詞

233 ③ ▶ give は「与える」、take は「とる・奪う」

2つめの文は Bird watching が主語で、選択肢では take か give が使われています。「バードウォッチングはタロウに楽しみを与える」と考え、"give 人 物"「人 に 物 を与える」の形の③を選べば OK です。

和訳 タロウはバードウオッチングを楽しむ。
バードウオッチングをすることでタロウは喜びを得る。

234 ④ ▶ "V 人 物"の形を意識して意味を考える

空所の直後にある us several months に注目して、④take を選びます。It takes 人 時間 to ～ で、「～することが 人 から 時間 を奪う」➡「人 が ～するのに 時間 がかかる」という表現です（It は仮主語、to ～ が真主語）。①cost は "cost 人 お金"「人 に お金 がかかる」などの意味になります。

和訳 私たちがこのプロジェクトを完成させるのには数か月かかるだろう。

235 ④ ▶ cost の使い方は?

It costs 人 お金 to ～「人 が～するのに お金 がかかる」の形にします。cost は take 型の動詞で、「人 から お金 を奪う」➡「人 は お金 がかかる」です。

> take や cost は、仮主語でよく使われる。

和訳 このオペラハウスに入場するのには25ドルかかる。

236 ② ▶ 会話での慣用表現

Could you do me a favor? は give 型で、"do 人 物"「人 に 物 を与える」の形です。直訳「私に1つの親切（a favor）を与えて（do）くれませんか?」➡「お願いがあるのですが」となりました。会話で「お願い」をするときによく使われる慣用表現です。

> "do 人 物"「人 に 物 を与える」の形は必ずチェック!

和訳 ①あなたはやらなくてはならないことがあります。
③あなたはそれをやるべきです。
④あなたにやってほしいことがあります。

Review Could you do me a favor? の意味は? ➡ 答えは204ページ

237
☐☐☐

[　　] 内の語を並べ替えなさい。

Please [show / trip / of / the pictures / me / your].

（大阪学院大学）

238
☐☐☐

日本語の意味になるように、空所に最も適切な1語を入れなさい。

ぐっすり寝ると非常にいい効果があります。

A good night's rest will (　　　　) you a lot of good.

（高知大学）

239
☐☐☐

日本語の意味になるように、[　　] 内の語を並べ替えなさい。

あなたの家からこのクラスに来るのにどれくらい時間がかかりますか。

[you / how / it / does / long / take] to come to this class from your home?

（九州国際大学）

240
☐☐☐

日本語の意味になるように、選択肢を並べ替えなさい。
中古車を買えば、何千ドルも節約できるだろう。
If [＿＿ ＿＿] a used car, [＿＿] will [＿＿ ＿＿] thousands of dollars.

① it　　　　　　　**②** buy　　　　　　　**③** me
④ save　　　　　　 **⑤** I

（広島経済大学）

Answer 「お願いがあるのですが」

---

237 Please [show me the pictures of your trip].

▶ **show はどう使う？**

Please の後ろは動詞の原形 show がきます。show は give 型の動詞で、
"show 人 物" 「人 に 物 を見せる」の形をとります。人 が me、物 が
the pictures of ～ です。

和訳 あなたの旅行写真を見せてください。

---

238 do

▶ **good を目的語にとるのは？**

空所以降が "( ) 人 物" の形です（人 が you、物 が a lot of good）。
物 に good がきていることから（give 型の）do が正解です。do の目的語
には good「利益」や a favor「親切な行い」などの決まった名詞がきます。
全体の直訳は「良い夜の休憩は、あなた（人々）にたくさんの利益を与える」
です。

> 名詞 good は「利益」という意味！

---

239 [How long does it take you] to come to this class from your home?

▶ **「時間がかかる」に注目**

語群の take に注目して、It takes 人 時間 to ～「人 は～するのに
時間 がかかる」の形を考えます。ここから、時間 ➡ how long になって
疑問文になるので、How long does it take の語順にすれば OK です。

---

240 If [⑤ I ② buy] a used car, [① it] will [④ save ③ me] thousands of dollars.

▶ **「節約できる」に注目**

「中古車を買えば」は、If I buy a used car とします。後半は「節約できる」
から、save 人 お金「人 の お金 を節約する」の形を考えます。it will
save me thousands of dollars「それが私の何千ドルものお金を節約す
る」➡「それによって私は何千ドルも節約できる」です。

> save は「手間／お金を奪う」→「省ける／節約できる」の意味が大事。

Review 「人 は～するのに 時間 がかかる」を表すには？（仮主語 It を使って）➡ 答えは208ページ

205

第5文型の語法(1) SVOCの全体像

SVOCは超重要なので、必ず習うはずですが、なぜか「全体像」は説明されないことがほとんどだと思います。ここでは全体像と解法のステップをしっかり確認してください。

1 SVOC の「全体像」と「解法」

何が重要?

第5文型 (SVOC) はものすごく出題率が高いです。使役・知覚動詞をはじめ、使役もどき (keep・leave・get) やhelpなどさまざまな動詞が問われます。

どう考える?

「SVOCをとる動詞」は5種類あります。まずはこの5種類の動詞を見たら、【STEP 1】として、「SVOCを予想」できるようになってください。

SVOCの「全体像」と「解法」

【STEP 1】 SVOCをとる動詞（これらを見たらSVOCを予想！）

① **使役動詞・知覚動詞**

使役動詞　make（強制・必然）／ have（利害）／ let（許可）だけ！

知覚動詞　see ／ hear ／ feel ／ find など

② **使役もどき**　keep ／ leave ／ get

③ V 人 to 〜　allow ／ enable ／ force ／ advise など

④ help　help 人 {to} 原形

⑤ V A as B　regard ／ think of ／ look on など

※このUNITでは①使役動詞・知覚動詞を扱い、②〜⑤は次のUNITで扱います。

【STEP 2】 OとCの関係（s' + v' の関係！）

① Cに動詞 → $\boxed{\text{s' + v'}}$ と考える ※①のほうが②よりはるかに出ます。

② Cに形容詞 → $\boxed{\text{O = C}}$ と考える

- -

【STEP 3】 s' + v' の関係は？（「する」or「される」を判断！）

① s' が v' する（能動）→ v' は $\boxed{\text{原形／to不定詞}}$ か $\boxed{\text{-ing}}$

② s' が v' される（受動）→ v' は $\boxed{\text{p.p.}}$

　【STEP 2（OとCの関係）】では、O＝Cばかりを習いますが、実際の問題では圧倒的に「s' + v' の関係」が役立ちます。

　「s' + v' の関係」だと判断したら、次は【STEP 3（s' + v' の関係）】へ移ります。「s' が v' する」という能動関係のときは v' に $\boxed{\text{原形}}$（使役・知覚の場合）／$\boxed{\text{to不定詞}}$（使役・知覚以外）もしくは $\boxed{\text{-ing}}$ という2枚のカードから適切なものを選びます。「s' が v' される」という受動関係の場合は、$\boxed{\text{p.p.}}$ がきます。

＋αは？

　「$\boxed{\text{原形／to不定詞}}$ もしくは $\boxed{\text{-ing}}$」の部分をもう少し詳しく説明していきます。$\boxed{\text{原形／to不定詞}}$ は1枚のカード（裏表の関係）と考えてください。たとえば、使役・知覚動詞は $\boxed{\text{原形}}$ をとります。つまり $\boxed{\text{to不定詞}}$ はとらないということです。

※使役・知覚動詞は特別待遇です。「使役・知覚」という名前がつけられて、「原形をとれる」という特権を与えられたセレブな動詞なんです。一方、名前がつけられていない「その他の動詞（allow・enable など）」はセレブになれない「庶民」ですから、$\boxed{\text{原形}}$ はとれず $\boxed{\text{to不定詞}}$ に甘んじる、という感覚です。

「原形／to不定詞」の詳細

☑「使役・知覚」は v' に原形をとれる（＝to不定詞はとれない）。

☑「使役・知覚以外」は v' に to不定詞をとれる（＝原形はとれない）。

【よくある勘違い】以上の説明を拡大解釈して「使役・知覚は原形<u>しか</u>とらない」と思い込む受験生が多いですが、「-ing・p.p.」もとれます。

241 ☐☐☐ 空所に入る最も適切なものを選択肢から1つ選びなさい。
Don't let the children (　　　) in the parking lot.

① be playing　　　② play
③ played　　　　　④ to play

（京都女子大学）

242 ☐☐☐ 日本語の意味になるように、（　　　）内に適切な語を1つ選びなさい。
When she went away, she (　　　) me take care of her house.
（留守にしたとき、彼女は自宅の留守番を私に頼んだ。）

① asked　　　　　② had
③ requested　　　④ got

（成城大学）

243 ☐☐☐ 日本語の意味になるように、（　　　）内に適切な語を1つ選びなさい。
彼は毎日シャツをクリーニングに出します。
He has his shirt (　　　) every day.

① wash　　　　　② to wash
③ washing　　　　④ washed

（奈良産業大学）

244 ☐☐☐ 空所に入る最も適切なものを選択肢から1つ選びなさい。
I often saw John (　　　) along the riverbank near his house.

① to walk　　　　② walks
③ walking　　　　④ to be walked

（名古屋学院大学）

245 ☐☐☐ 空所に入る最も適切なものを選択肢から1つ選びなさい。
At that time I didn't hear my name (　　　).

① call　　　　　　② called
③ calling　　　　④ to be called

（和光大学）

Answer It takes 人 時間 to ～

241 ② ▶使役動詞 let

let を見たら SVOC を予想します。let は超純粋な使役動詞で、何があっても C には「原形」がくるので、let the children play「子どもたちが遊ぶのを許可する・子どもたちを遊ばせる」の形だとわかります。

> make・have・let を見たら、SVOC を予想する!

和訳 子どもに駐車場で遊ばせてはいけない。

242 ② ▶突然の原形 take に注目

空所直後に "人 原形" (me take care of 〜) が続いているので、空所には「使役動詞・知覚動詞」が入ると考えます。選択肢では使役動詞の②had があります。she had me take care of 〜「彼女は私に〜の世話をさせた」です。日本文「頼んだ」から①asked にひっかからないように。①③④の動詞は SV 人 to 〜 の形ならとれます（次の UNIT 参照）。

> get は「使役」ではなく「使役もどき」

243 ④ ▶have は使役動詞を考える

has に注目して SVOC を予想します。his shirt が s'、(　　) が v' と考えます。「シャツが wash される」という受動関係が適切なので、④washed (p.p.) を選びます。

244 ③ ▶知覚動詞 see

saw に注目して SVOC を予想します。John が s'、(　　) が v' と考え、「ジョンが walk する」という能動関係が自然なので、③walking (-ing) を選びます。「使役・知覚動詞は原形しかとらない」という勘違いは多いのですが、「原形」以外 (-ing・p.p.) がきても OK です。

和訳 私はジョンが彼の家の近くの川の土手を歩いているところをよく見かけた。

245 ② ▶知覚動詞 hear

hear に注目して SVOC を予想します。my name が s'、(　　) が v' と考え、「名前が call される」という受動関係が自然なので、②called (p.p.) を選びます。使役・知覚動詞は v' に to 〜 はとりません。

> 使役・知覚の「受動態」なら to 〜 をとる (Chapter1 UNIT7)！

和訳 あの時、名前を呼ばれたのが聞こえなかった。

Review 代表的な知覚動詞は (s　), (h　), (f　), (f　) ➡ 答えは210ページ

246
☐☐☐

[   ]内の語を並べ替えなさい。

A：I hear you visited America. Did you enjoy your time there?
B：Unfortunately, I [couldn't / in / make / myself / understood] English.

（神戸親和女子大学）

247
☐☐☐

日本語の意味になるように、[   ]内の語を並べ替えなさい。

愛犬を思い出すと幸せな気分になる。

[dog / happy / makes / me / my / memory / of / the].

（高知大学）

248
☐☐☐

日本語の意味になるように、選択肢を並べ替えなさい。
彼女は空港に行く途中で財布とパスポートを盗まれた。
She [___ ___ ___] and passport [___ ___ ___ ___ ___].

① to   ② on   ③ had   ④ wallet
⑤ her way   ⑥ the airport ⑦ her   ⑧ stolen

（摂南大学）

249
☐☐☐

日本語の意味になるように、[   ]内の語を並べ替えなさい。

彼女のことを理解するのは難しいと思った。

[found / to / difficult / understand / it / her / I].

（尾道市立大学）

Answer   see, hear, feel, find

246 Unfortunately, I [couldn't make myself understood in] English.

▶ make oneself understood「話が通じる」という熟語

この熟語は make OC の形で、直訳「自分自身が（周りの人に）理解される」
➡「自分の言っていることが通じる」という意味です。「理解される」とい
う受動の意味なので、C に understood（p.p.）がきます。後ろは in 言語
「言語で」の形です。

和訳 A：アメリカに行ったって聞いたよ。楽しかった？
　　 B：残念なことに、英語で自分の言いたいことを伝えることができなかっ
　　　　たんだ。

> make oneself
> heard「声が（周り
> の人に）hearされ
> る」→「声が通る」

247 [The memory of my dog makes me happy].

▶ make を中心に文を組み立てる

make OC「OをCにする」の形を考え、「犬の記憶が、私を幸せにする」と
解釈します。主語は The memory of my dog「私の犬の記憶」で、その後
は makes me happy「私を幸せにする」とすれば OK です。今回は C に形
容詞がきたパターンです。

> 整序問題は意訳さ
> れるので英語にする
> とき間違うことが多
> い！

248 She [had her wallet] and passport [stolen on her way to the airport].

▶「盗まれる」を表すには？

日本文「盗まれた」と選択肢の had に注目して、have O stolen「Oが盗ま
れる」を考えます。O には her wallet and passport が入り、これが s'、
stolen が v' になります。「空港に行く途中で」は on one's way to ~「~
へ行く途中で」という熟語です。

> 物 is stolen =
> have 物 stolen
> 「物 が盗まれる」
> は超頻出！

249 [I found it difficult to understand her].

▶ find をどう使う？

find OC「OがCだとわかる」の形を考え、I found it difficult to ~「私は
~するのが難しいと思った」とします。it は仮目的語、to ~ が真目的語で
す（it の内容は to ~）。find it 形容詞 to ~「~するのが 形容詞 だと思う」
はよく使われる形です。

Review 「話が通じる」という熟語は？ ➡ 答えは214ページ

第5文型の語法(2) 文型に関連するさまざまな表現

攻略のコツ

keep・leave・get は「使役動詞」ではありません。「〜させる」という訳し方から make の仲間だと思い込んでいる受験生はかなり多いのですが、「使い方」という観点から言えば別物として扱わないといけないのです。

1 使役もどき（keep・leave・get）の語法

何が重要?

keep OC「O を C の状態に保つ」／ leave OC「O を C の状態のままほっとく」／ get OC「O に C させる」の形が重要です。

どう考える?

「使役動詞」との共通点・相違点を意識してください。「keep・leave・get を見たら、SVOC を予想→s'v' を考える→能動・受動を判断」というステップは同じですが、この使役もどき動詞は絶対に「原形をとれない」点に注意してください。

+αは?

get は、keep・leave と少し語法が異なります。

get の基本形

① get 人 to 〜 「人に〜させる」 ※「人が〜する」という能動関係
② get 人 p.p. 「人が〜される」 ※「人が〜される」という受動関係

難しいのが「②の受動関係のときに to がつかない」ことです。受動関係になるときは、（言ってみれば）使役動詞のマネをして「直接 p.p. をとる（to be p.p. にはならない）」のです（make 人 p.p. ／ have 人 p.p. みたいに）。「受動関係のときは、どさくさに紛れて使役動詞のマネをしちゃう」というイメージで押さえてください。

❷ "SV 人 to ～" をとる動詞

何が重要？

SV 人 to ～ をとる動詞

☐ allow・permit「許可する」 ☐ want「望む」 ☐ enable「可能にする」
☐ cause「引き起こす」 ☐ encourage「勇気づける」 ☐ force「強制する」
☐ ask「頼む」 ☐ advise「アドバイスする」 ☐ expect「期待する」 ☐ urge「説得する」など

"SV 人 to ～" の形には、未来志向の to (59ページ) があります。そのため、どの動詞も「これから～する」というニュアンスがあるんです。たとえば、allow 人 to ～「これから 人 が～することを許可する」ということです。

❸ help の語法

何が重要？

help は "help 人 原形"「人 が～するのを手伝う」の形が一番よく問われます。
本来は "help 人 to 原形" の形でしたが、to を省略できるという特殊な現象があり、この help だけに許された特権が入試で問われるのです（もちろん省略しないでも OK）。

❹ regard 型

何が重要？

regard・look on など、"V O as C"「O を C とみなす」の形をとる動詞が問われます。

regard 型の動詞　V O as C「O を C とみなす」

☐ regard／look on[upon]／think of など

250
□□□ 空所に入る最も適切なものを選択肢から1つ選びなさい。
I couldn't （　　　） her to accept the offer.

① have　　　　　　② get
③ make　　　　　　④ let

（松山大学）

251
□□□ 空所に入る最も適切なものを選択肢から1つ選びなさい。
My father went to a barber to get （　　　）.

① cut his hair　　　　② cutting his hair
③ his hair cut　　　　④ to cut his hair

（浜松大学）

252
□□□ 空所に入る最も適切なものを選択肢から1つ選びなさい。
Does your teacher allow （　　　） a cell phone at school?

① to use　　　　　　② use
③ you using　　　　　④ you to use

（摂南大学）

253
□□□ 空所に入る最も適切なものを選択肢から1つ選びなさい。
This exercise （　　　） smoothly in your legs.

① will help the blood flow　　② make flow the blood
③ lets the blood to flow　　　④ forced the blood flow

（福岡大学）

254
□□□ 下線部の意味とほぼ同じ意味を表しているものを1つ選びなさい。
My cousin doesn't like his new project, but he seems to <u>regard</u> it as a learning experience.

① look after　　　　② look in
③ look for　　　　　④ look upon

（清泉女子大学）

Answer make oneself understood

250 ② ▶ "V 人 to 〜"の形をとるのは?

空所直後には her to accept 〜 と続いています。選択肢の中で、この形を
とれるのは②getだけです（get 人 to 〜「人に〜させる」）。他の選択肢
はすべて使役動詞なので、to 〜 ではなく「原形」などがきます。

和訳 私では彼女に提案を受け入れさせられなかった。

251 ③ ▶ getを見たらSVOCを予想する

get に注目して、SVOCになる③を選びます。his hair がs'、cut がv' です。
今回の cut は（原形ではなく）p.p. で「髪がcut される」という受動関係に
なります（get 人 p.p.「人が〜される」の形／今回は 人 の部分に his hair
がきている）。

和訳 私の父は髪を切ってもらいに床屋へ行った。

252 ④ ▶ allowの語法は?

allow 人 to 〜「人が〜するのを許可する」の形にします。「これから
人 が〜することを許可する」ということで、allowと未来志向のto 〜 は
相性が良いのでしたね。

> allowの発音は「ア
> ロウ」ではなく「ア
> ラウ」

和訳 あなたの先生は、あなたが学校で携帯電話を使うことを許可していますか？

253 ① ▶ helpは要注意！

選択肢で正しいのは、help 人 原形「人が〜するのを手伝う」の形の①
だけです（人 の部分に the blood がきています）。helpはもともとhelp
人 to 原形 の形でしたが、徐々に使役・知覚動詞の仲間入りをして（to が
省略されて）原形 もとれるようになりました。

> ④ force は force
> 人 to 〜「人が
> 〜するのを強制す
> る」

和訳 この運動をすれば、脚の血の巡りがよくなるよ。

254 ④ ▶ regard型の動詞を選ぶ

英文は regard O as C「OをCとみなす」の形です。選択肢の中で、この形
をとる動詞は④look uponだけです。①は look after 〜「〜の世話を
する」、②は look in 〜「〜の中を見る」、③は look for 〜「〜を探す」です。

> regard・look on
> [upon]・think
> ofはセットで覚え
> よう！

和訳 私のいとこは、自分の新しいプロジェクトが気に入っていないが、ためになる人生経験だと考えているようだ。

Review getの正しい語法はどっち？ "get 人 原形" or "get 人 to 〜" ➡ 答えは216ページ

問題演習
STEP **2** | それぞれの設問の指示にしたがい、
問題を解きなさい。

255
☐☐☐

次の文の間違っている箇所を1つ選び、正しく直しなさい。

I will ①let you ②have my answer tomorrow. I ③won't keep you ④waited
any longer.

（日本大学）

256
☐☐☐

[   ]内の語を並べ替えなさい。

My parents sometimes [front door / leave / go / the / unlocked / when
they] out.

（獨協大学）

257
☐☐☐

次の文の間違っている箇所を1つ選び、正しく直しなさい。

The president asked my assistant ①carrying ②out the work ③during my
④absence.

（佛教大学）

258
☐☐☐

空所に入る最も適切なものを選択肢から1つ選びなさい。

For her birthday, Mary (   ) her father to buy her the CD which she
had wanted for a long time.

① insisted   **②** expected
③ promised   **④** decided

（京都外国語大学）

Answer   get 人 to ~ （「人 に～させる」という意味）

---

255 ④ waited ➡ waiting

▶「待たせる」を表すには?

③の直後にある keep に注目です。SVOC を予想し、you が s'、waited が v' と考えます。「あなたが wait する」という能動関係なので waiting が使われます。ちなみに、前半は let OC の形です。

> 「待たせる」を受動態「られる」と混同して、waited にするミスが多い!

和訳 明日、答えを聞かせるよ。もう待たせておくわけにはいかないよね。

---

256 My parents sometimes [leave the front door unlocked when they go] out.

▶ leave OC「OをCの状態のままほっとく」

語群の leave に注目して、leave the front door unlocked「玄関のドアが施錠されていない状態のままほっとく」とします。その後は、when they go out「外出するときに」と続けます。

> leave the door locked「ドアに鍵をかけたままにする」も重要。

和訳 私の両親は時々、外出時に玄関のドアを施錠しないまま出ていく。

---

257 ① carrying ➡ to carry

▶ ask 人 to ～「人に～するよう頼む」

①の前にある asked に注目して、①carrying を to carry に直します。ちなみに、carry out は「考えを外に (out) 運ぶ・持っていく (carry)」➡「実行する」と考えれば OK です。④absence は「不在」という意味の名詞です。

和訳 社長は、私のいない間に私の助手にその仕事をするよう頼んだ。

---

258 ② ▶ "V 人 to ～" の形をとるのは?

空所の直後に her father to ～ と続いています。選択肢の中で "V 人 to ～" の形をとれるのは、②expected です。expect 人 to ～「人 が～すると思う・期待する」です。ちなみに、to の後ろは buy 人 物「人 に 物 を買う」の形になっています。

> ここまで取り組んでくれてありがとう! 志望校合格を祈っています!

和訳 自分の誕生日に、メリーは父にずっと欲しかった CD を買ってもらうことを期待していた。

Review 「人 を待たせっぱなしにする」を表すには、keep 人 ( ) ➡ 答えは218ページ

Column　「受験で必要な英文法」は将来も役立つ

　お疲れ様でした。1冊の問題集をやり通すというのは、とても大変なことですが、達成感は格別ですよね。

　みなさんはすでに「大学入試問題」を258問も解いています。これは今までの「基礎」とつく多くの問題集との大きな違いであり、今すぐ、実際の入試問題と戦えることを意味します。もちろんどの大学の問題でも即合格点ということにはなりませんが、これはこれで誇っていいことだと思います。

　ちなみに、ここで学んだ「大学受験で必要な英文法」は、受験の後も大活躍します。大学で論文を読むためには精密な読解力が必要とされますが、そのときに緻密な文法力が役立つのです。

　僕は大学生・社会人にも英語を教えていますが、英語のやり直し・TOEICテスト対策・留学前の準備として、この『ポラリス』シリーズはとても良い評判を得ています。

　また、ビジネス英語の学習としても英文法は大切です。きちんとした英文法を使うことはビジネスにおいての「信用」にもつながります。交渉の細かいニュアンス・複雑な説明で英文法が必要ですし、英文法が崩れたプレゼンテーションは聞いてもらえないでしょう。大人の会話であるだけに、中学英文法では足りず、やはり高校レベルの英文法が必須なのです（それ以上の知識は不要です）。

　日常会話・海外旅行でも英文法は役立ちます。英文法を使って効率的に英文をつくることができるのです。また、会話フレーズを覚える際にも英文法の理屈を知っていると、暗記することが激減します。関係詞・助動詞・仮定法など、会話では必ず英文法が使われます。会話で使われるということは、映画の中の日常会話でも同じです。相手の細かいニュアンス・気持ちを理解するときに英文法が必要となるわけです。

Answer　waiting

このように、将来の英語でも大活躍する英文法ですから、受験の期間を利用して、しっかり実力をつけておきましょう。そして何よりも目の前の目標として、この本を使ってくれたみなさんの志望校合格を、著者として祈っております。これからも頑張ってください。

関 正生

POLARIS

基礎レベル

英語長文　　　英文法

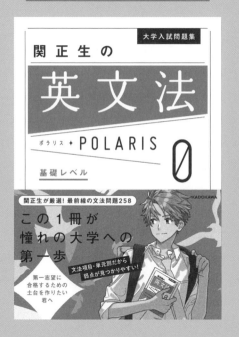

憧れる大学にいつか
到達するための第一歩！

旅人の道を照らし出すポラリス（北極星）のように
受験生たちに進むべき道を示す問題集シリーズ

ポラリス ✦ POLARIS

英語長文

0 基礎レベル
1 標準レベル
2 応用レベル
3 発展レベル

英文法

0 基礎レベル
1 標準レベル
2 応用レベル
3 発展レベル

英文法

ファイナル演習

1 標準レベル
2 応用レベル
3 発展レベル

英作文

1 和文英訳編
2 自由英作文編

英語 頻出問題

1 標準レベル
2 応用レベル

現代文

1 基礎レベル
2 標準レベル
3 応用レベル

古 文

1 基礎レベル
2 標準レベル
3 応用レベル

関　正生（せき　まさお）

　1975年7月3日東京生まれ。埼玉県立浦和高校、慶應義塾大学文学部（英米文学専攻）卒業。TOEIC L&Rテスト990点満点。リクルート運営のオンライン予備校「スタディサプリ」で、全国の小中高生・大学受験生に、そして「スタディサプリENGLISH」のTOEICテスト対策講座では、動画講義を700本以上担当し、全国の大学生・社会人に授業を行う（PC・スマホで受講可能）。有料会員数は年間で170万人以上。受験英語から資格試験、ビジネス英語、日常会話までを指導し、英語を学習する全世代に強力な影響を与えている。

　主な著書に『真・英文法大全』『大学入試問題集　関正生の英語長文ポラリス』（全4冊）、『CD2枚付　大学入試　関正生の英語リスニング　プラチナルール』（ほかシリーズ全4冊）、『大学入試　世界一わかりやすい　英文読解の特別講座』『カラー改訂版　世界一わかりやすい英文法の授業』（以上、KADOKAWA）など計140冊以上、累計360万部を突破（一部は韓国・台湾でも翻訳出版中）。また、NHKラジオ講座『小学生の基礎英語』のコラムや、英語雑誌『CNN ENGLISH EXPRESS』（朝日出版社）でのコラム連載、さまざまなビジネス雑誌・新聞の取材、TV出演など多数。

だいがくにゅうし もんだいしゅう　せきまさお　えいぶんぽう
大学入試問題集　関正生の英文法ポラリス
きそ
［0　基礎レベル］

2023年2月17日　初版発行
2024年8月30日　8版発行

著者／関　正生
　　　せき　まさお

発行者／山下　直久

発行／株式会社KADOKAWA
〒102-8177　東京都千代田区富士見2-13-3
電話　0570-002-301（ナビダイヤル）

印刷所／大日本印刷株式会社

本書の無断複製（コピー、スキャン、デジタル化等）並びに
無断複製物の譲渡及び配信は、著作権法上での例外を除き禁じられています。
また、本書を代行業者などの第三者に依頼して複製する行為は、
たとえ個人や家庭内での利用であっても一切認められておりません。

●お問い合わせ
https://www.kadokawa.co.jp/（「お問い合わせ」へお進みください）
※内容によっては、お答えできない場合があります。
※サポートは日本国内のみとさせていただきます。
※Japanese text only

定価はカバーに表示してあります。

©Masao Seki 2023　Printed in Japan
ISBN 978-4-04-606077-8　C7082